Uwe Pettenberg

DU BIST DER HELD IN DEINER WELT.

Ein Buchspiel. Das Spiel deines Lebens.

Impressum

1. Auflage im Dezember 2005

2. überarbeitete Auflage im Juni 2007

3. überarbeitete Auflage im Juni 2009

Satz, Druck und Bindung Fahner Druck, Nürnberg

Grafische Gestaltung Umschlag, Heike Baumgärtner

Nürnberg

Fotografie www.photocase.com

Printed in Germany

Für Nina.

Die Antwort auf meine Gebete.

Und Joss Lorenz.

Der größte Liebesbeweis unseres Lebens.

INHALTS-VERZEICHNIS

entsprechende Lege-Karte

HANDLE.

Als erwachsene Menschen werden wir objektiv gesehen immer freier.
An und für sich können wir tun und lassen was wir wollen.
Alle Beschränkungen legen wir uns selbst auf.
Niemand sagt uns was wir zu tun und zu lassen haben.
Außer wir selbst.
Alle Grenzen, die wir sehen sind subjektiv, bestehen nur in uns.

Als Kinder dürfen wir, unserer Auffassung nach, viel weniger tun.
Wir werden gesteuert durch die Ideen und Lebensziele unserer Eltern.
Uns wird gesagt, was wir zu tun und zu lassen haben.
Wir sind objektiv gesehen in unserer Freiheit beschränkt.
Das gefällt uns eigentlich nicht.
Dennoch fühlen wir uns geborgen,
denn es übernimmt ein anderer für uns die Verantwortung.
Wir fühlen uns eigentlich viel freier, obwohl wir objektiv unfrei sind.

So begeben wir uns **auf den Weg nach Hause.**
Zurück, dem Wunsch folgend, sich auf dem Weg in die Geborgenheit zu befinden,
unterlassen wir nichts, um dort anzukommen.
Wir sind sogar bereit, dafür die Freiheit aufzugeben!
Wir möchten keine Verantwortung mehr übernehmen.

Und weil wir uns immer auf diesen Weg begeben und nie ankommen können,
leben wir fortan **ständig im Mangel.**
Denn wir sind auf dem Weg in die Ferne, ohne Rast.

Das ist der Ruf nach meiner Mutter.
Das ist der Ruf nach meinem Vater.
Rufe Dich selbst und Du wirst wirklich frei.

Werde wieder der Held in Deiner Welt.
Werde der Held, der du schon bist – vom ersten Tag deines Lebens.
Übernimm die Verantwortung für deine Helden-Taten!
Du schaffst es! Spielend.
Denn dein Leben ist dein Spiel!

Vorwort von Dr. Ruediger Dahlke

Den Indern ist das Leben ein Spiel, das sie Lila, das kosmische nennen. Im Westen halten wir das Leben eher für eine Schule, in der wir bestimmte Dinge lernen müssen. Eigentlich müsste man davon ausgehen, dass es da wohl um die Regeln des Lebens gehen sollte, davon kann aber leider keine Rede sein. Die Schule des Lebens wird in unserer Kultur für hart gehalten und sie wird auch hart gestaltet mit viel Konkurrenzkampf und einigen Bedrohungen. Dabei werden so wesentliche Dinge wie die Regeln und Gesetze des Lebens nicht einmal gestreift. Die Inder bringen ihren Kindern immerhin die Regeln für Lila, das Lebensspiel näher.

Ideal wäre es natürlich, wir könnten in unserer Schule auf spielerische Art die Regeln für unser Lebensspiel lernen, sodass die Partner- und die Berufsspiele besser gelingen und wir erfolgreicher auf dem Lebensweg unterwegs sein könnten. Jedes Spiel hat ein Ziel und die Schule hat auch Zielvorgaben, die es zu erreichen gilt. Es wäre schon viel gewonnen, wenn wir für unser Leben auch wieder ein Ziel finden könnten, dessen Erreichen uns Ansporn wäre. Im Augenblick gilt eher Mark Twains Satz aus den Abenteuern des Huckleberry Finn: „Kaum hatten wir das Ziel aus den Augen verloren, verdoppelten wir die Geschwindigkeit." Unser gesellschaftliches Leben entwickelt sich immer schneller, aber wir wissen schon lange nicht mehr, wohin die Reise überhaupt geht.

Insofern wäre uns sehr geholfen, wenn wir wieder einmal innehalten würden, dabei Inhalt fänden, der uns inneren Halt gibt, um daraus Sinn zu entwickeln, der uns zum Ziel des Lebens tragen könnte. Ginge das auch noch auf spielerische Art und einer aufgelockerten Stimmung, die trotzdem dem Ernst der Suche gerecht wird, wäre das ein Traum. In Findhorn spielte ich einmal vor vielen Jahren eine Woche „the game of life", das Spiel des Lebens. Eine Art psychologisches Monopoly mit Ereigniskarten und allem Drum und Dran des Lebens und natürlich auch mit richtigen Menschen als Mitspielern, die sich mit Haut und Haar in das Spiel einbringen mussten, wie ich selbst auch. Es war eine spannende Woche und da es um wirkliche Aufgaben ging, die an unsere Substanz gingen, waren wir voll dabei und ziemlich mitgenommen. Es war immer wieder notwendig, sich an den Spielcharakter des Ganzen zu erinnern, zu leicht schlug alles in Ernst um. So dauerte es ziemlich lange bis wir wieder zurück fanden in das Muster von Kindern, die so gern und so viel spielen und dabei einen gewissen Ernst haben, aber sich auch wieder nicht todernst mit den Herausforderungen und Aufgaben des Spiels abquälen.

Erwachsenwerden klappt in der Gesellschaft der Postmoderne kaum noch, und bedeutet heute vor allem, die spielerisch leichte Art der Kinder zu verlieren und den Ernst des Lebens zu lernen. Schon die Lehrer(innen) in den Volksschulen bereiten das Horrorprogramm vor: „Schlaf nicht, spiel nicht, träum nicht, spinn nicht herum – pass auf, konzentrier dich, schau nach vorn und arbeite konsequent, eifrig und fehlerfrei.“ Kinder lernen Angst vor Fehlern, Enttäuschungen zu vermeiden, sie lassen sich die Kreativität austreiben und die Lebensfreude beschneiden. Mutige Menschen würden dagegen Fehler machen, aber nur einmal denselben. Sie würden über Enttäuschungen die Täuschungen in ihrem Leben durchschauen und Konsequenzen daraus ziehen. Ihre Kreativität wäre ihr größter Schatz und Lebensfreude ihr Ziel.

Schade, alles könnte so viel besser laufen, wenn wir wenigstens die Spielregeln lernten und dass es neben dem täglich mehrere Stunden propagierten männlichen Pol noch ein Gegengewicht in Gestalt des weiblichen gäbe. Das würde uns soviel besser vorbereiten. Denn es ist ja schon anspruchsvoll genug, das Leben ständig vorwärts leben zu müssen, wenn wir es erst rückwärts so richtig verstehen können. Wie viel besser wären wir dran, wenn wir auf diesem Weg wenigstens die herrschenden Gesetze kennen würden, so dass wir ein paar Regeln hätten, auf die wir uns sicher verlassen könnten und statt alles mit Verbissenheit, auch einiges locker, leicht und mit links bewältigen könnten, eben auf unsere weibliche Art und Weise.

All das will das vorliegende Spiel anregen mit dem Versuch die ganz natürlichen Lebensregeln in einen spielerischen

Rahmen zu gießen, in dem sie leicht aufzunehmen und zu verinnerlichen sind. Nebenbei könnten wir lernen, auch bei wichtigen Anlässen eine spielerische Grundhaltung zu bewahren und einiges mit links zu machen, anderes nicht so schwer zu nehmen.
Ich wünsche allen Mitspielern großen Erfolg, das heißt, dass sie sich näher kommen und Ihrem Sinn und Wesen begegnen mögen.

Ruediger Dahlke
www.dahlke.at

Einführung

In das wichtigste Unternehmen, das sie kennen:
Ihre eigene ICHselbstAG®.

Haben Sie sich auch schon einmal gefragt, was ein vitales Unternehmen ausmacht?
Woher kommt die Energie eines Unternehmens?

Richtig, es sind die Mitarbeiter eines Unternehmens die es erst zum Leben erwecken! So gut, wie es den einzelnen Mitarbeitern geht – ebenso gut geht es dem Unternehmen!

Doch gestatten Sie mir an dieser Stelle eine ganz persönliche Frage:
Wie geht es Ihren „inneren Mitarbeitern"?
Ihrem ganz persönlichen Unternehmen – Ihrer eigenen ICHselbst-AG?

Unsere Zufriedenheit, unser persönliches Glück und unser Erfolg hängen von vielen Faktoren ab, die sich in uns „abspielen"!
Wenn alle „inneren Personen" im Gleichgewicht sind, sprechen wir von Balance. Und genau das macht uns zufrieden!

Sind sie es nicht, geraten wir ins psychische Ungleich-Gewicht!

Dann, ganz plötzlich oder auch schleichend, über Jahre verschaffen sich ganz unterschiedliche, unangenehme „Mitarbeiter unserer ICHselbstAG", und zwar meist unkontrolliert Gehör. Sie heißen zum Beispiel Unzufriedenheit, Wut, Traurigkeit, Resignation, Lust- und Motivationslosigkeit und vieles mehr.

Wer kennt sie nicht?
Wir verlieren den Bezug zu den anderen „Teilen" und Sehnsüchten in uns: zu Freude, Fröhlichkeit, Glück, Harmonie, bereichernder Partnerschaft, Erfolg, Anerkennung und vielem mehr! Wir fühlen

uns zunehmend unglücklicher!
Was tun wir in aller Regel?
Wir flüchten oder greifen an!
Ziehen uns zurück oder machen „die Welt“ für alles verantwortlich!
Auch das hat einen natürlichen Grund!
Flucht und Angriff sind uns evolutionär überliefert, um unser Überleben zu sichern!

Die Schattenseite davon ist heute, dass wir uns fortan instinktiv eher etwas Negativem als etwas Positivem zuwenden. Denn diese ursprüngliche Einstellung war mit der Idee des Überlebens gekoppelt!

Der Balance-Akt beginnt: oft wird dabei unser Ungleichgewicht noch größer!
Wir „gleichen aus“, verbiegen uns, entsprechen anderen, fühlen uns fremd-gesteuert! Das alles entspricht aber nicht unserer Lebens-Idee! Die Folge: Stress!

Das Gleichgewicht wieder herzustellen, sollte unser aller höchster Anspruch sein! Wie? Im Erkennen der „inneren Mitarbeiter“ unserer „ICHselbstAG“!
Denn sie sind keine Feinde – sie sind Freunde auf dem weisen Weg zu mir!

Der erste Schritt beginnt bereits jetzt, mit Ihrem persönlichen SELBST-Test!

Ist Ihre eigene ICHselbstAG im Gleichgewicht?

Steigt auch in Ihnen der Druck spürbar an? Stellen auch Sie sich manchmal Fragen, denen Sie früher entweder ausgewichen sind oder die „damals“ tatsächlich keine Relevanz für Sie hatten? Zum Beispiel die Frage nach dem Sinn Ihres bisherigen Lebens? War bisher alles so richtig? Stimmen meine Orientierung und meine Ziele noch? Entwickle ich mich noch weiter? Wie geht es mir mit und in meiner Familie? Fühle ich mich persönlich noch gesehen, noch respektiert?
Wenn sich in Ihnen nur einer dieser Gedanken breit macht,
dann könnte ihnen dieses Spiele-Buch weiterhelfen.

Mir kommt das, was ich bislang für sinnvoll und richtig gehalten habe, manchmal überdenkens würdig oder gar falsch vor

Ich fühle mich mehr als früher in/von Beruf, Partnerschaft und Familie eingeengt

Ich ertappe mich dabei, wie ich in Tagträumen schwelge, in denen es keine lästigen Telefonate, kein öden Einladungen, keine oberflächlichen Gespräche und auch keine überfüllten Verkehrsmittel und Supermärkte gibt

Ich wünsche mir immer öfter, dass mich jemand nach meinen ganz persönlichen Einstellungen, Wünschen und Problemen fragt – mir einfach einmal zuhört

Wenn Sie Mitte 30 bis Mitte 40 sind: Ich stelle plötzlich meine Berufswahl in Frage, ich erinnere mich an Fähigkeiten und Talente, die ich nie richtig genutzt habe

Natur, Ruhe und Möglichkeiten des Rückzuges entwickeln sich immer mehr zu einem seltenen „Luxusgut“für mich.
Meine Sehnsucht danach steigt

Ich verspüre immer häufiger eine „grundlose“ Müdigkeit, fast schon eine Niedergeschlagenheit.

Ich hege die Befürchtung, dass mich alles das wirklich „krank“ macht.

Mir fällt auf, dass ich bei anderen Personen immer häufiger Dinge kritisiere, sie zu verändern versuche und dabei immer gereizter und ärgerlicher werde.

Das Buch mit dem WIRK-Faktor.

Das Lebens-Spiele-Buch. Das Buch der Lösungen.

In den vielen Lebensratgebern geht es mehr oder minder darum, sich selbst zu finden, indem wir Dinge anderer Menschen nachvollziehen und von deren Erfahrungen lernen sollen. Kurz, wir erhalten Ratschläge, zu Dingen, die anderen Menschen ebenso einmal widerfahren sind, wie uns es eben gerade geht! So sind Ratschläge aus Büchern häufig nicht auf das eigene Leben übertragbar und damit wenig nützlich.

In diesem Spiele-Buch des Lebens geht es nicht um den Rat anderer, sondern darum, meine Intuition zu wecken. Denn es gibt nur einen Menschen auf der Welt, der weiß was gut für mich ist – und das bin ich selbst! ICH selbst trage alles in mir, um aus meinen Problemen Lösungen zu kreieren. Denn ich bin der Held in meiner Welt.

Mehr noch, Probleme gehören gewissermaßen zum Leben, wie die Luft zum Atmen. Ohne Probleme hätten wir eigentlich gar nichts zu tun. Wir alle würden treiben, wie ein Stück Holz in einem langen Fluss des Lebens. Was auf den ersten Blick gut aussieht, würde uns schnell langweilen. Denn was uns Menschen von einem Holzstück unterscheidet ist der Wille etwas zu tun, das Bewusstsein, etwas so oder so zu machen. Es sind die Gefühle, die uns beeinflussen.
Und es sind die Gefühle, die uns oft Kummer und Angst, aber auch Freude und Lust bescheren.
Wie werden wir Herr dieser Gefühle, wie gewinnen wir Übersicht über uns und die Zusammenhänge?
Ich könnte es Ihnen beschreiben. Ich könnte Ihnen aus meinen vielen Kursen und Seminaren Beispiel nennen. Oder möchten Sie es an sich selbst erfahren?

Dieses Buch vermittelt Ihnen die einfachsten, grundsätzlichsten und gleichzeitig wohl größten Lebensweisheiten. Denn es sind die Naturgesetze des Lebens. Ähnlich wie ein Apfel, der fällt ohne das Gesetz der Erdanziehung zu kennen, geschehen um uns Menschen Gesetze ganz automatisch, auf ganz und gar natürliche Art und Weise. Erst einmal ohne unser Zutun. So mutet es an. Denn wir steuern es ja doch selbst – durch unser andauerndes Verhalten. Vielfach unbewusst! Denn unser Verhalten wird in dem Maße gesteuert oder von uns selbst beeinflusst, wie wir auch mit Konsequenzen zu rechnen haben. Das Gesetz von Ursache und Wirkung.

Was heißt das? Wir tun etwas so oder so, damit dies oder das, also die Konsequenz, die wir erfahren eintritt. Wir selbst setzen uns dann die entsprechenden Grenzen oder sind offen!
Was würde nun passieren, wenn wir ein und dieselbe Situation beliebig mit jeweils neuen Verhaltensweisen wiederholen könnten? Wenn unser Verhalten ganz frei von irgendwelchen Folgen für uns wäre? Richtig – wir würden tatsächlich SELBST entscheiden, was uns SELBST so wichtig ist!

Gehen wir jetzt einmal davon aus, wir könnten dies tatsächlich so bewerkstelligen. Dann könnten wir viel mehr hinterfragen! Wir könnten probieren, andauernd Neues „testen"! Und bei den vielfachen „Testversuchen" würden wir bemerken, dass sich die Welt um uns immer wieder anders verhält! Die Welt würde auf unsere verschiedenen, sagen wir einfach einmal, „Testballons" immer wieder anders reagieren. Das heißt die Welt um uns zeigt sich von Mal zu Mal anders und ist eigentlich nie so, wie wir sie gerade „sehen"!

Es ist also unsere Sichtweise der Dinge, die letztlich unser Tun bestimmt. Es ist nie die Welt so wie sie ist, sondern die Welt ist so, wie jeder Einzelne von uns sie sieht! Jeder schafft sich seine eigene Wirklichkeit.

Ihre Welt ist eine ganz andere, als die meine. Obwohl wir auf der gleichen Welt leben! Und selbst wenn wir beide jetzt gleichzeitig an einem Strand sitzen könnten, mit all der gesunden Meeresluft, dem feinen Sand, würden sie Ihre Welt anders sehen als ich die meinige!

Was heißt das nun genau? Wenn meine Sicht der Welt meine Welt bestimmt, wird die Welt auch durch meine Sicht eine andere? Ich bin der Held in meiner Welt! Ich kann meine Welt tatsächlich beeinflussen. Morgen, in ein paar Stunden, ja gleich JETZT!

Nun, ich höre Sie sagen, „Warum tue ich das denn nicht einfach – irgendwie geht es ja dann doch nicht!“ Woran liegts?

Ein kleiner Exkurs in die Welt der Psychologie. Haben Sie das Wort Leben schon einmal von hinten gelesen? Richtig Nebel! Und genau das ist es. Wenn etwas im Nebel liegt, liegt es im Verborgenen. Es ist verschwommen, bis gar nicht sichtbar. Denken wir an eine Autobahn im Nebel. Hier gibt es sogar Hilfsmethoden, wie eine Nebelschlussleuchte, die uns „Abstand“ zum Vordermann beschert! Wir kommen den Dingen nur schwer nahe – wir halten Abstand aus sicherem Grund!
Es könnte gefährlich werden!

So verhält es sich auch im richtigen Leben. Nebel, das Wort Leben rückwärts gelesen, verhält sich wie ein Schatten. Und ein Schatten ist, das wusste schon der berühmte Freud-Schüler Carl Gustav Jung, etwas das zwar an uns „klebt“, also zu uns gehört, aber leider nicht in uns ist! Es ist das Licht, das wir bewusst von uns sehen, kennen und wahrnehmen: „So bin ich!“ Der Schatten ist etwas im Verborgenen. Wenn Teile des Schattens auftauchen, reagieren wir wie auf die Nebelschlussleuchte des Pkws vor uns – wir halten Abstand, gehen auf Distanz, sind nicht erpicht darauf, in engen Kontakt zu kommen! Durch den Abstand erfahren wir aber sehr wenig über „den Vordermann“ oder eben das Ding oder Problem in meinem Schattendasein! Doch es gehört zu mir, es gehört zu meiner Lösung, dass ich mir meinen Schatten ansehe und dadurch, mehr über mich erfahre! Erfahrung öffnet mir neue Sichtweisen über mich und gleichermaßen über meine Welt!

C.G. Jung nannte den Schatten deshalb die „Sammlung des Ungetanen“! Verweigere ich den Blick dorthin, werden mir bestimmte Dinge immer wieder widerfahren. Ich werde mich aufs Neue wundern, was da in dieser Welt scheinbar „unkontrolliert“ mit mir passiert. Ich fühle mich hilflos, ausgesetzt und machtlos! Und im schlimmsten Fall übernehmen andere Menschen über mich Regie!

Ich bin beeinflussbar und steuerbar! Es gibt ganz Berufszweige, die mit diesen menschlichen Schattenflecken arbeiten. Die Werbung macht uns glauben, wir bräuchten dies oder jenes, um glücklich zu sein. Unsere Versicherungen machen aus unserer Angst ein Geschäft, in dem Sie uns vor einem Schaden bewahren wollen, der noch nicht einmal eingetreten ist! Verstehen Sie mich nicht falsch, ich bin weder gegen Werbung (ich selbst hatte 15 Jahre lang eine Werbeagentur) oder gegen Versicherungen. Ich bin für Klarheit meiner Selbst! So kann ich entscheiden, welches Produkt ich wirklich brauche, oder mit welchem Produkt ich meine große Liebe beeinflussen möchte und welche Vorsorge für mich die Richtige ist!

Doch zurück zum Schatten im Nebel. Wir haben tatsächlich einen blinden Fleck in unserem optischen Sichtfeld, den wir ganz automatisch korrigieren! Und dieser blinde Fleck ist es auch, den wir gewissermaßen in unserer Psyche nicht sehen können! Deshalb ist es für viele Menschen, die sich auf den Weg zu Selbst-Erfahrung machen auch wichtig, einen Partner, sagen wir einen Sparringspartner zu finden. Egal, ob wir ihn nun Therapeut, Coach, Lebensberater oder was auch immer nennen. Eine weitere, eine neue Sichtweise, hilft uns eben auch selbst eine neue Betrachtungsweise kennen zu lernen und diese auch im besten Falle einmal auszuprobieren – zu überprüfen, ob sie vielleicht auch zu uns passt!

Vor diesem Hintergrund wurde dieses Buch geschrieben. Dieses kleine Büchlein, das viele Naturgesetze und einfachste Weisheiten in sich trägt und gleichzeitig ein wahres Spiel für Sie sein kann!

Mit dem Kartenspiel, das nichts mit Wahrsagen oder Kartenlegen im

Sinne des Tarots zu tun hat, wird es Ihnen möglich sein, Probleme aus einem neuen Licht zu sehen, Energien zu erkennen und im Stillen bei sich Neues auszuprobieren. Probehandeln wie ein kleines Kind! Und nur Sie selbst sind der Zuhörer – nichts wird passieren, was Sie nicht wollen – sie üben gewissermaßen im Trocknen. Um dann im „richtigen Leben“ zu erfahren, Mögliches anders zu sehen, neue Dinge zu probieren und Ihre ganz eigene Welt neu zu erforschen! Sie benötigen keinen Rat-Schlag! Ist das nicht wunderbar? Denn vergessen Sie nie:

SIE SIND DER HELD IN IHRER WELT!

Allgemeine Spiel-Erläuterung.

Set besteht aus Buch,

1 Grundkarte **DAS PROBLEM**

12 Boden-Karten die folgende Bedeutung in sich tragen:

DIE ERINNERUNG

Die Frage, die bei dieser gelegten Karte auftaucht ist:
„An was erinnert Dich dein Problem, deine Fragestellung oder diese Situation?“

DIE RESONANZ

Die Frage, die bei dieser gelegten Karte auf taucht ist:
„Was genau kannst du in dir fühlen?“
„Womit bist du in Kontakt?“
„Was schwingt in Dir?“

DIE POLARITÄT

Die Frage, die bei dieser gelegten Karte auf taucht ist:
„Was ist das Gegenteil oder die andere Seite deines Themas?“ „Was ist das Gute daran?“

DER SIGNIFIKATOR

Die Frage, die bei dieser gelegten Karte auf taucht ist:
„Was willst du wirklich?“

DER WOHLSTAND

Die Frage, die bei dieser gelegten Karte auf taucht ist:
„Wo stehe ich gerade in meinem Leben?“

DIE RÜCKBESINNUNG

Die Frage, die bei dieser gelegten Karte auf taucht ist:

„Woher kommt das Problem?“

„An was in meiner Vergangenheit erinnert es mich?“

„Wie habe ich es damals gelöst?“

DIE BLOCKADE

Die Frage, die bei dieser gelegten Karte auf taucht ist:

„Was hindert mich an einer Lösung?“

„Was blockiert mich eigentlich wirklich?“

DAS VERTRAUEN

Die Frage, die bei dieser gelegten Karte auf taucht ist:

„Wo sollte ich mehr vertrauen?“

„Was würde mir helfen, mehr Vertrauen zu bekommen?“

DAS LOSLASSEN

Die Frage, die bei dieser gelegten Karte auf taucht ist:

„Was muss ich loslassen und aufgeben?“

„Was erhalte ich an Neuem dafür?“

DIE STILLE

Die Frage, die bei dieser gelegten Karte auf taucht ist:

„Was passiert, wenn ich mich in meine innere Ruhe begebe und in mich hineinhöre?“

DER DANK

Die Frage, die bei dieser gelegten Karte auf

taucht ist:
„Für was kann ich diesem Thema danken?"
„Für was kann ich jetzt Dankbarkeit empfinden?

DIE KRAFTQUELLE
Die Frage, die bei dieser gelegten Karte auf taucht ist:
„Was gibt mir Kraft?"
„Wer oder was steht hinter mir?"

und 12 Fragekarten, mit deren Hilfe du die tiefere persönliche Bedeutung deiner gelegten Bodenkarten noch besser hinterfragen kannst.

Verlauf der Übung

1) Fragestellung:
„Welches Problem möchte ich mir ansehen?“

2) Vorbereitung
Start mit der Liste „Was fällt mir dazu ein?“

Nimm dir ein Blatt Papier.
Schreibe nun bitte alles auf, was dir zu deiner Fragestellung und zu deinem Problem einfällt!
Das ist eine wichtige Aufgabe, weil du dir dein Thema noch einmal ganz konkret ansehen sollst.
Vielleicht ändert sich schon jetzt dein Betrachtungswinkel.

3) Auswählen
Suche dir einen Ort, an dem du genügend Raum für dich hast! (Vielleicht möchtest du eine Kerze und/oder eine Duftlampe anzünden?) Entscheide dich nun, welche Vorgehensweise du zu deiner Suche nutzen möchtest:

entweder
> Das Ziehverfahren.
Hier **ziehst** du **vier verdeckte blaue Bodenkarten** aus allen 12 blauen Bodenkarten und fügst dich der Erkenntnis, welche Karten und somit welche Erkenntnis jetzt gerade wichtig für dich ist.

oder
> Das Auswahlverfahren.
Hier **legst** du alle **12 blauen Bodenkarten offen** aus und nimmst dir die Bodenkarten ganz bewusst heraus, die dir jetzt wichtig scheinen, das Problem für dich zu betrachten.

Beim Ziehverfahren:

Bei diesem Verfahren überlässt du die Kartenauswahl der Fügung, denn **ALLE 12 blauen Bodenkarten liegen verdeckt!**

Wenn du bereit bist, breite die Bodenkarten vor dir aus. **Verdeckt** auf dem Text-Blatt liegend.
Ziehe nun mit der linken (sensitiven) Hand, die von deinem Herzen kommt, vier Bodenkarten.
Denke daran, einen Augenblick inne zu halten, wenn du die Karten umdrehst.

Du wirst sehen, dass die Bodenkarten „lebendig" sind. Deine Aussagekraft wird bei der Drehung der Karten beginnen und beim Einsatz im Legesystem nicht unbemerkt bleiben. Deine Intuition wirkt!
Dies geschieht, weil die Bodenkarten in einer Sprache zu uns sprechen, die unser tiefstes Selbst erkennt.
Sie wecken, tief in uns, ein erstes Verständnis.

Beim Auswahlverfahren:

Bei diesem Verfahren bestimmst du die Kartenauswahl selbst und bewusst, denn **ALLE 12 blauen Bodenkarten liegen offen vor dir!**

Wenn du bereit bist, breite die Karten vor dir aus. **Offen** mit dem Text sichtbar liegend.
Wähle nun vier Bodenkarten ganz bewusst aus, die dir für dein Problem Unterstützung bieten.
Denke nicht lange nach, sondern bestimme die vier Karten ganz intuitiv!

4) Auslegen der Bodenkarten im Raum

Als erstes lege die **rote Grundkarte „Das Problem“** in die Mitte deines ausgewählten Platzes/Raumes.

Im Anschluss daran nimm deine vier gezogenen oder ausgewählten Bodenkarten bewusst in die Hand und lege die Karten im Raum aus.
Die Bodenkarten werden rein intuitiv, also nach deinem (Bauch-) Gefühl im Raum ausgelegt.

Es gibt keine Regel oder Zuordnung, die zu beachten wäre!

Abstand, Lage und Position der vier Karten zu deiner ersten ausgelegten Karte „Das Problem“ wird nur durch dein Gefühl bestimmt!

5) Erste Interpretation

Blicke auf die Bodenkarten, die nun um dich bzw. um die Karte „Das Problem“ liegen:
Betrachte nun erst einmal alle Karten, wie sie da liegen.
Fällt dir etwas auf?
Wie liegen die Karten im Verhältnis zueinander?
Gibt dir die Art wie sie liegen bereits einen Hinweis auf eine Lösung?
Lasse dir Zeit!

6) Begehen der Bodenkarten

Stell dich nun als erstes **AUF** die rote Karte „Das Problem“.
Wie geht es dir mit deinem Thema, mit deinem Problem, dass du lösen möchtest?
Was kannst du hier auf dieser Karte fühlen?

Betrachte nun alle umliegenden Karten.
Können dir die umliegenden Karten etwas „mitteilen“?
Lasse dir auch hier 2 – 3 Minuten Zeit.
Dann verlasse die Karte.

Stell dich nun **auf** deine erste blaue Karte, die du gewählt und ausgelegt hattest!
Wie geht es dir hier?
Wie ist der Abstand zu deiner Karte „Mein Problem/Meine Fragestellung“.
Wie geht es dir damit?

Wichtig!
Gib dir jetzt eine Antwort auf die Frage die die Karte stellt!

Beispielsweise bei der Karte **DIE RÜCKBESINNUNG**
Die Frage, die bei dieser gelegten Karte auftaucht ist:
„Woher kommt das Problem?“
„An was in meiner Vergangenheit erinnert es mich?“
„Wie habe ich es damals gelöst?“

oder die DIE BLOCKADE
Die Frage, die bei dieser gelegten Karte auftaucht ist:
„Was hindert mich an einer Lösung?“
„Was blockiert mich eigentlich wirklich?“

Es kann sein, dass dir die Bodenkarten und ihre Fragestellung bereits ausreichend Information verschafft haben. Wenn du möchtest, kannst du bereits mit Schritt 8) weiter verfahren oder jetzt hier weiter hinterfragen!

Wenn du noch intensiver fragen möchtest, ziehe jetzt eine der kleinen **Fragekarten!**
Nimm dir Zeit und beantworte die Karte! Aus deinem Gefühl!
Wenn du möchtest, ziehe eine weitere Karte!

Lasse dir nach dem Ziehen der kleinen Fragekarte auch hier auf der großen Bodenkarte mindestens 2 – 3 Minuten Zeit.

Jetzt folgt ein weiterer wichtiger Teil der Übung!
Wenn du dir die Frage gestellt und die Antwort festgestellt hast, interpretiere sie für dich!

Was kannst du aus deinem Gefühl schließen?
Was hat dieses Gefühl mit dem Thema auf der Bodenkarte zu tun?

Beispiel:
Du stehst auf der Bodenkarte DIE RESONANZ.
Es wird dir plötzlich kalt und du weißt keine Antwort auf die Frage.
Im übertragenen Sinne heißt das, dass dir der Kontakt zu dem Thema fehlt!
Was könntest du tun, um mit wem oder was in Kontakt zu kommen?

Oder

Du stehst auf der Bodenkarte DER DANK.
Die kleine Fragekarte, die du gezogen hast lautet „Was fehlt dir?“
Du bist plötzlich wütend und traurig zugleich.
Jetzt solltest du dich z.B. fragen, was du benötigst um wem oder was dankbar zu sein!

Und so weiter...
Bedenke bitte immer, dass es sich hier nur um Beispiele handelt!
Es sind immer deine Gedanken und Gefühle zu einem Problem, die zählen!
Lass dich nicht verwirren – du trägst alle Lösungen in dir!

Stell dich – nach einer kleinen Pause - auf die nächste Bodenkarte!
Wiederhole die Vorgehensweise.

Auch bei den nächsten beiden Bodenkarten.

7) Zweite Interpretation - erste Erkenntnis

Wenn du alle Bodenkarten begangen hast und die entsprechenden Fragekarten gezogen hast, tritt einen Schritt zurück – blicke das „Bild“ der am Boden liegenden Bodenkarten an und frage dich:

Welche Erkenntnis habe ich gewonnen?

Schreibe diese Erkenntnisse, Gefühle und Ideen bitte auf ein weiteres Blatt Papier!
Was hat sich vielleicht schon an deinem Problem oder deiner Fragestellung verändert?

8) Erste Schritte zur Veränderung

Und nun überlege für dich:
Was kannst du verändern?
Was nicht?
Wem oder was kommst du näher?
Wem oder was möchtest du näher kommen?
Welche Karte „fühlt“ sich durch welche andere Karte angezogen?

Verändere nun die Bodenkarten, ganz nach deinem Gefühl.

Wenn du nun wissen möchtest was sich verändert hat oder wenn du herausfinden möchtest was dir die Karten noch sagen möchten (nach der Veränderung), dann beginne erneut auf die Legekarten zu treten und beginne mit dem Schritt Interpretation.

9) Ende

Das Erkenntnis-Spiel neigt sich dem Ende und der Lösung, wenn du am „Bild“ der Boden-Karten nichts mehr verändern möchtest!

10) Notieren

Schreibe dann bitte alle deine Eindrücke erneut wie folgt auf:

- Was hat sich verändert?
- Was ist neu für dich?
- Wie möchtest du nun weiter machen?
- Was kannst du gleich jetzt ändern?
- Was morgen?
- Was übermorgen?

Wenn du möchtest, lege dir eine Art Tagebuch an, in dem du deine „Ergebnisse“ und auch deine Veränderungen dokumentierst! So erkennst du sehr schnell deine Ent-Wicklung!

Viel Glück und Gefühl bei deinen neuen Erfahrungen, Ideen und Umsetzungen!
Du bist der Held in deiner Welt!

Anmerkung:
Die Anwesenheit einer weiteren Person des Vertrauens, die möglicherweise die Verlaufsbeschreibung und das Vorgehen vorliest bzw. mit „überwacht“, ist sicherlich hilfreich, um die eigenen Empfindungen klarer zu fühlen und gleichzeitig auch Wesentliches zu notieren.
Beachte dabei bitte, dass es in erster Linie um deine Wahrnehmung geht. Deshalb sollte während der Übung nicht zu viel gesprochen werden!
Wenn dir jedoch selbst etwas auffällt, spreche laut (auch wenn du alleine bist), um dir selbst oder einer möglichen Begleitperson Wichtiges zu verdeutlichen. Denn neben deinem Gefühl sind auch die Art der Sprache und dein körperlicher Ausdruck von besonderer Bedeutung und kann dir weitere Erkenntnis bringen.
Du wirst merken, dass die Übung tatsächlich funktioniert und Wirkung zeigt!

Wenn du mehr Aufschluss über die „technischen" Hintergründe dieser Arbeit erfahren möchtest, gibt es im Anhang eine Beschreibung der Arbeitstechnik.

WIRKLICH WOLLEN

Vom Glück und wie es tatsächlich trainierbar ist.

Glück auf!
Sie sind auf dem richtigen Weg.
Denn Leben ist das, was man daraus macht!

Dies ist meine Grundhaltung und Beweggrund für diese Zeilen. Denn was Sie hier lesen, entspricht in erster Linie meiner realen Erfahrungen. So funktioniert es und so verwirklicht es sich auch bei meinen Kurs-Teilnehmern.

Das heißt jedoch nicht, dass es möglicherweise Dinge gibt, die Sie in diesem Buch anders sehen oder anders anwenden möchten. Genau dazu möchte ich Sie ermuntern und einladen. Denn ausschließlich Sie sind es, um den es sich hier dreht!

Deshalb sind alle Kapitel „offen" formuliert. Dies heißt, dass Sie im Anschluss an den erklärenden Teil einen Übungsvorschlag erhalten. Dieser Übungsvorschlag gilt aber lediglich als Beispiel. Durch Atmen und Stille entwickeln sich in Ihnen **ganz automatisch Ihre ganz eigenen Übungen.** Sie entstehen quasi nur durch Sie. Denn nur Ihre Seele, nur Ihr Herz weiß, was für Sie wirklich wichtig ist!

Von wirklich dringlicher **Wichtigkeit ist es deshalb, sich Zeit** für ein Kapitel zu nehmen. Warum? Es gibt ein natürliches Gesetz der Spiritualität und Selbsterfahrung: Konsequenz.
Es ist gewissermaßen eine „Erziehungsmaßnahme" in uns selbst. Sie zwingt uns zur Wahrnehmung. Nehmen wir uns diszipliniert Raum für uns selbst, also eine bestimmte Zeit frei, nähern wir uns bereits, ganz einfach und automatisch, dem ersten Baustein: wir nehmen uns wichtig! Wir lassen uns nicht durch „weltliche" Dinge im Außen ablenken! Dies hat auch einen schönen Nebeneffekt. Durch die immer erneute Bereitschaft uns Zeit für uns zu nehmen,

leiten wir bereits durch die Tatsache der Hinwendung einen Prozess ein. Es wird Ihnen deshalb zunehmend leichter fallen, Erfahrungen mit sich zu erleben.
Denn nur Sie haben es auch in der Hand.

In einem Song einer Gruppe namens Hermosa heißt es so schön „You hold the Key!“ nur du hältst den Schlüssel zu deinem Leben. Hältst den Schlüssel für deine Türen und Tore, die du in Zukunft aufsperren kannst!

Und an dieser Stelle möchte ich mir gerne etwas zunutze machen, das uns die englische Sprache voraushat. Die Ansprache mit dem DU. Ich werde ab hier in der DU-Form sprechen. Es geht mir leichter von der Hand, schafft aus meiner Sicht einen eher persönlichen Anspruch (es geht hier in diesem Buch um sehr Persönliches!) und es ist die Sprachform unserer, im inneren immer Kind bleibenden, Seelen! Nachdem ich nicht direkt mit dir in Kontakt kommen kann, wenn du diese Zeilen liest, setze ich dein Einverständnis voraus. Danke für dein Vertrauen.

Fangen wir also an!
Was ist denn eigentlich Glück?

Bei den Altgermanen hatte das Wort Glück die Bedeutung für HEIL und SEELIG. Also im weitesten Sinne heil sein, gesund und selig sein, also mit der eigenen Seele in Kontakt. Daraus könnten wir schon folgern, dass nur wenige Menschen wirklich glücklich sind, weil sie meist nicht heil und oder nicht mit ihrer Seele in Kontakt treten!
Auch das Wort aus dem gleichen Stamm „verunglücken“ erhält hier eine weitere Bedeutung, eben nicht mehr heil sein!
Aus dem Norden kam auch ursprünglich das Ur-Wort von Glück, „ghelucke“ das direkt in die englische Sprache mit dem Wort „luck“ transportiert wird und nicht nur„glücklich“ sondern auch „Schicksal“ bedeutet. Schicksal wiederum kommt auch aus dem Nieder-

ländischen und bedeutet „Anordnen“! Verpackt man die Deutungen von Glück und Schicksal, so entsteht daraus auch die Kombination „Anordnung zum Heil“ oder „zum Heile geschickt“!
Und das also ist Glück? Zumindest wissen wir jetzt was es nicht ist! Keine Fügung, die nicht beeinflussbar wäre, sondern im engeren Sinne „SEELEN-HEILen“. Und das ist es, wonach wir Menschen suchen: Heil werden, ganz werden, rund werden, eins werden. Der Weg in die Einheit, heraus aus der Zweiheit! Unser Schicksal liegt in unserer Hand. Mit unseren Fähigkeiten soll es uns gelingen den Weg zum (eigenen) Heil zu finden. Heil sein ist das Ziel. Alles andere zeigt uns Abwege auf dem Weg dort hin. Alles andere sind Hinweise, uns zu zeigen möglicherweise etwas anderes zu tun.
Der Weg ist lang. Es gibt keine Abkürzungen und wer weiß schon, wie lang der Weg wirklich ist. Macht es uns unsicher?
Wir versuchen es mit den geSCHICKTESTEN Varianten. Wir gehen möglicherweise viele Beziehungen ein, sind mit keiner zufrieden. Wir verstricken uns in ganze Systeme der Familie, der Firma, der Liebes-Affären und dennoch, der Versuch aus zwei eines zu machen ist kläglich!
Auf der Suche nach einem Anderen im Außen, der uns zeigt, wie es geht, scheitern wir geradlinig an der Unkontrollierbarkeit der Umstände – denn wir machen uns abhängig! Abhängig von anderen, die ihren eigenen Weg suchen.
Vorbilder verblassen, mit zunehmendem Alter werden wir dadurch vielleicht zurückgezogen, einsam oder egoistisch, selbstherrlich.

Wir selbst sind die Lösung.
Denn das Leben ist eine Reise zu den Erinnerungen. Dein Buch des Lebens liegt in dir. Du musst nur blättern. Fasse den Mut, dich zu erinnern, werde mit deinen Ur-Gefühlen verbunden denn das, und nur das ist der Zugang, ist die Pforte zu dir selbst und der Weg ins Glück. Mit Training, Ausdauer und deinem Willen.

Wenn ich beginnende Kurs-Teilnehmer frage, was denn eigentlich Glück ist, erhalte ich die verschiedensten Antworten. Daraus wird dann auch klar, dass es das eine Glück nicht gibt. Denn was dem einen gefällt, schmeckt dem anderen noch lange nicht! Folglich sind auch die Wege dorthin ganz unterschiedlich! Die Wege in die eigene Mitte sind so vielfältig, wie Menschen auf unserem Planeten leben.

Doch der Grund für das Unglücklichsein scheint vielen Teilnehmern klarer. „Wenn dies oder das eintreffen würde wäre ich glücklich!“, „ wenn mein Lebens-Partner so oder so wäre....“ „wenn ich endlich einen Arbeitsplatz hätte....“ und so weiter.
Daraus folgt, dass das UN-GLÜCK auf 2 Grundsäulen fußt:
Dinge die im Außen und nicht in uns „erlöst“ sind, stellen einen akuten Mangel dar, der immer auf eine Neues von Außen bestimmt wird: schneller, höher, weiter.

Daraus folgt Erstens: So lange ich Dinge im Außen suche, also bei meinem Nachbarn, bei meinem Partner, bei meinem Chef, oder bei dem Arbeitgeber, oder bei der Regierung, bin ich machtlos, nahezu ohnmächtig, also ohne Macht!
Es geschieht um mich und ich muss mich zwangsläufig nach äußeren Einflüssen richten.

Wenn ich ohne Macht bin, übernehmen also andere für mich die Macht und diese könnte sogar missbraucht werden! Viele meiner Klienten machen es sich einfach und werden zum Workaholic. Das geht ganz einfach: Ich lasse mich in eine Stressrolle einwickeln, werde zum Opfer, weil ich anderen permanent genügen möchte und kann mich auch noch damit brüsten, dass ich damit nichts zu tun habe! Andere helfen „für ihr Leben gerne“ und vergessen sich selbst, weil sie ja immer von den anderen Menschen benötigt werden!
Wiederum andere werden krank und entdecken, dass sie dafür geliebt werden. Der so genannte sekundäre Krankheitsgewinn wird zur Gewohnheit: nie bin ich bisher so geliebt worden!
Das alles sind Lebenslügen. Wir belügen uns selbst!
Ich bitte dich mich hier nicht falsch zu verstehen. Menschen zu helfen, ist eine wahrlich große Geste – leide ich jedoch darunter macht

es keinen Sinn. Spaß an der Arbeit zu haben, ist etwas Wunderbares – keine Zeit mehr zu finden, weil immer nur das Geld im Vordergrund steht ist ungesund. Pflege zu empfangen wenn man krank ist, ist wohl die beste Medizin – dabei zu vergessen, warum man wohl krank ist und sich nicht darauf zu besinnen, wieder gesund zu sein ist töricht!

Was kannst du ändern? An den Gegebenheiten dort draußen erst einmal nichts. Du selbst kannst jedoch deine Einstellung oder deinen Betrachtungswinkel diesbezüglich ändern!

Zweitens: Mangel bedeutet, ich möchte etwas haben, was ich nicht oder noch nicht habe. So befinde ich mich im Zustand des Mangels also in der Situation, dass ich immer „hinter etwas her" bin. Renne ich immer hinter etwas her, bin ich in einem dauerhaften Mangel, ich bin immer unterwegs.

Das heißt, ich bin nicht im Hier und Jetzt, sondern im Morgen. Dort wo der Mangel „möglicherweise" aufgelöst sein könnte. Daraus folgt wiederum, dass ich genau diese Sekunde, diese Situation im Hier und Jetzt nicht wahrnehme. Wenn es mir nicht möglich ist, wahrzunehmen was ist, erlebe ich das Leben nicht. Wenn ich die Situation nicht er-lebe, lebe ich eigentlich nicht! Wie kann ich denn dort glücklich sein, wo ich nicht bin?

Wenn du nicht lebst, kannst du ja überhaupt nicht glücklich sein!

So begibt sich der Mensch auf die Suche. Er wird möglicherweise stiller, weil er aus dem Heil gerissen wird, also krank wird. Dies ist unser erstes menschliches Anzeichen, dass etwas aus dem Gleichgewicht gekommen ist! Wie auch immer, er besinnt sich zurück. Und Rückbesinnung heißt nichts anderes als Religio, also Religion. Religion ist Glaube und Glaube ist die Reise in sich selbst!

So starte ich hier eine kühne Behauptung, es liegt an dir, sie zu überprüfen. Gott ist in uns. Alles, was wir für uns tun können, ist den Gott in uns selbst zu finden, die Stimme, die mit uns spricht ist in uns, weil wir ein Teil von Gottes Schöpfung sind.

Diese Schöpfung beginnt in diesem Leben mit deiner Geburt, in deiner Kindheit, im Heranwachsen! Wissenschaftler wissen, dass erste Differenzen in unserer Beziehung zur Welt bereits entstehen, wenn wir durch einen Kaiserschnitt auf die Welt kommen, weil wir die Welt nicht durch unsere Kraft erobern und den Kontakt zur Mutter verlieren. Was mag in uns als kleiner Erdenbürger vorgehen, wenn wir noch länger von unseren Eltern getrennt sind? Womöglich entsteht ein so genannter Hospitalismus durch längere Trennung von der Mutter, zum Beispiel wegen eines Krankenhausaufenthalts.

In den ersten 3 Monaten unseres Erden-Daseins bestimmt sich maßgeblich unser Kontakt-Verständnis zur Welt. Die folgenden Jahre danach erleben wir als tiefe Prägung unserer Persönlichkeit, wir lernen mit uns und anderen umzugehen, lernen Liebe und Vertrauen kennen. Wertfrei und deshalb naiv und unbedarft. Niemand ist da, der uns sagt, das wäre die richtige Dosis!

So entsteht im Lauf eines Lebens eine im NLP (Neurolinguistisches Programmieren) so genannte ganz persönliche Landkarte. Diese, unsere ureigene Landkarte entsteht, blüht auf, gezeichnet von allen unseren Prägungen. Gezeichnet und geformt von Eindrücken und Erfahrungen werden in unserer Landkarte Standpunkte, Meinungen, Haltungen und, in Folge, Verhalten.

Doch legen wir diese unsere Landkarte als Maßstab für unsere Welt an, liegen wir falsch! Denn unsere Landkarte in uns ist eben nicht die Realität „dort draußen". Auch wenn wir es gerne so hätten. Es gibt kein richtig oder falsch. Es gibt immer nur unsere Wirklichkeit. Daraus folgt, dass wir alle, also jeder von uns, möglicherweise ganz unterschiedliche Landkarten im „Rucksack" unserer Lebens-Wanderung tragen.

Kannst du dir vorstellen, was das bedeutet? Welche Ausmaße diese Vorstellung hat?
Ein Beispiel. Wenn Menschen in meine Praxis kommen, dann wird häufig zuerst von anderen erzählt, die ja dies oder das tun. Dieses Tun ist aus der Sicht meiner Klienten häufig negativ. Ihre Landkarte, also ihre Erfahrungen „bestätigen" ihnen, es ist falsch, was der andere da gerade macht!

Die Vorstellung, dass das Gegenüber, also der andere möglicherweise eine ganz andere Landkarte in seinen Händen hält wirkt erst sehr befremdlich! Die Idee dahinter ist jedoch viel einfacher als es im ersten Moment scheint!

Die auf den vorherigen Seiten angesprochene Innenschau, die Reise in mein Selbst (nicht ins Ego ICH) ist eine Reise zu meiner inneren Stimme, zu dem Göttlichen in mir.
Kann ich meiner inneren Stimme folgen, erlange ich SELBST-Erkenntnis, bin mir meiner Standpunkte klar. Erkenne und vertrete ich meine Standpunkte, weiß ich also auch, was ich will und kann. Bin ich mir wiederum darüber im Klaren, werde ich folglich mehr Verständnis und Respekt für andere aufbringen. Ich kann den Standpunkt eines anderen als Erweiterung meines eigenen Standpunktes sehen. Somit erfahre ich das Anderssein des anderen als Bereicherung! Und all das auf einer liebevollen und respektierenden Ebene. Meine Landkarte erweitert sich, wird bunter und vielfältiger. Dies steigert meine Fähigkeit toleranter zu werden, hilft Gefühl dafür zu entwickeln mich selbst in andere mehr und mehr hinein zu versetzen.

An dieser Stelle werde ich oft gefragt „Das klingt ja alles so einleuchtend, aber wie kann ich dem näher kommen?"

Es gilt, meine Landkarte zu erforschen. Es gilt, meine Positionen auf der Landkarte zu deuten. Es gilt, meine vielen Ecken und Kanten in meiner Landkarte in Augenschein zu nehmen. Sie nicht zwangsläufig zu ändern, sondern sie einfach einmal so zu nehmen, wie sie sind! Ein großer erster Schritt! Denn viele Teile unserer Landkarte sind uns gar nicht mehr so recht bekannt! Wir „arbeiten" mit unserer Landkarte, wissen aber teilweise gar nicht mehr, warum wir eigentlich so handeln! Wir handeln vielfältig bereits in einem Automatismus, der über uns herrscht!

Eindruck und Deutung unserer Landkarte werden zudem beeinflusst und beurteilt von vielen inneren Persönlichkeiten, die unseren Charakter formen. Wir lernen laufend mit unseren Eindrücken. Unser Bewusstsein bildet die Landkarte und unsere Eindrücke beeinflussen das Bewusstsein. Ein Kreislauf. So scheint es nicht verwunderlich, dass wir das eine oder andere eben auch etwas ver-rückt interpretieren.

So bilden sich im Laufe des Lebens viele Teilpersönlichkeiten in uns aus. Diese Summe der Teilpersönlichkeiten, die sich in uns abspielen vergleiche ich gerne mit einem Beispiel, dass ich von meinem geschätzten Ausbilder Dr. Klaus Meyer lernen konnte:
Du lädst Gäste in dein „Persönlichkeits-Haus" ein. Du veranstaltest ein kleines Fest zur Ehre deiner Freunde. Im Erdgeschoss sitzen viele deiner Teilpersönlichkeiten bereits zu Tisch, die dir lieb und nett scheinen, die du gut kennst, gut im Griff hast, weil du sie kennst! Sie zeigen sich stets in deiner Begleitung und machen dir mehr oder weniger Sorge. Sie heißen möglicherweise Anstand, Verwöhnen, witzig sein, kommunikativ sein, aber auch Scham, Zurückhaltung und so weiter.
Im Keller, eine Stock tiefer, befinden sich weitere deiner Persönlichkeiten. Hier möchtest du nicht, dass deine Gäste Einblick erhalten. Sie heißen vielleicht Traurigkeit, unlustig sein, Wut und Aggression, Lügen und Schummeln, Tratschen und manipulieren. Auch sie sind dir wohl bekannt, aber du weißt, sie immer zur rechten Zeit im Keller zu halten. Nur selten tauchen sie wirklich auf, oft bemerken es andere gar nicht, nur du selbst weißt, wann sie auftauchen dürfen. Alles unter Kontrolle!?

Doch da gibt es noch einen Weinkeller, ganz tief unter dem eigentlichen Keller. Dort sitzen Teil-Persönlichkeiten, mit denen du selbst nur selten in Kontakt kommst. Eigentlich sind sie auch bei dir im Verborgenen, sie sind deinem Bewusstsein abhanden gekommen, verbannt, obwohl sie doch immer wieder auftauchen, aber du nicht weißt, woher und wohin damit! Sie heißen möglicherweise: tiefe Lebensangst, schmerzende Verletzung, beißende Ungerechtigkeit, Macht und Gier, Lust und Gewalt und so weiter. Eines haben sie alle gemeinsam. Sie kommen, wenn überhaupt, unverhofft, unbewusst, tückisch und geheimnisvoll. So schnell wie sie auftauchen, sind sie auch wieder verschwunden, und sie selbst wissen nicht wie ihnen geschah. Du selbst kennst nur die daraus resultierenden Ergebnisse: Streit, Wut, Trennung, Wiederholungen von Ungewolltem!
Jeder von uns tut gut daran, einen Blick in den Weinkeller zu wagen! Sich ein Stück weit mehr zu ergründen!

Tatsachen gibt es nicht. Es gibt nur Interpretationen.
Friedrich Wilhelm Nietzsche

Vielleicht noch eine andere Betrachtungsweise, die ich häufig bei Management-Trainings einsetze.
Betrachten wir alle diese Teil-Persönlichkeiten als Mitarbeiter unserer Firma, unserer AG, unserer eigenen ICHselbstAG, dann können wir sie möglicherweise noch besser erkennen!

In unserer ICHselbstAG haben sie alle Namen: Geschäftsführer Dr. Macht, Chef-Sekretärin Frau Liebe, Geschäftsleitungs-Assistent Herr Anerkennung, Pförtner Herr Ordnung, Meister Herr Ehre, Abteilungsleiter Herr Beziehung, Sekretärin Frau Trieb, Hausmeister Herr Rache, Versandleiter Frau Hektik, Einkaufsleiterin Frau Freiheit, Verkaufsleiter Herr Rechthaber und viele mehr. Erkennst Du sie? Erkennst Du Dich? Sie kennen Dich!

Aber ich darf dir zu Beginn dieses Buches die Befürchtung nehmen, du würdest dich nach der Lektüre dieses Buches, nach dem Genuss eines Seminars komplett verändern. Alle Deine Mitarbeiter Deiner ICHselbstAG sind plötzlich ganz anders geworden und resultieren eine tief greifende „Persönlichkeits-Wäsche“! Nein, danke.

Es verhält sich anders. Im Rahmen Deiner Persönlichkeitsentwicklung hast Du jetzt die Chance, alle Deine Mitarbeiter an einen großen Tisch zu setzen, mit Ihnen zu konferieren, eine „Selbst-Konferenz“ zu arrangieren! Du kannst sie dir näher ansehen, sie kennen lernen.

Und wir alle wissen, es ist gut, alle Mitarbeiter eines, meines eigenen Unternehmens zu kennen. Dennoch haben Sie eine Eigendynamik und das ist auch gut so. Das ist die Entwicklungs-Chance deiner eigenen ICHselbstAG zum erfolgreichen, gesunden Unternehmen!

Kennst Du den Claim einer bekannten Margarine Werbung „Hurra... ich will so bleiben, wie ich bin!“
Genau darum geht es letztendlich. Durch alle Deine Erkenntnisse wirst du vollständiger und hast die Chance die Welt bunter und umfangreicher zu sehen! Ist das nichts? Du bleibst wie du bist und siehst plötzlich viel, viel mehr! So ist es! So wirkt es! So heilt es!

Weil ich es wirklich will!

Zu Beginn einer über Wochen laufenden Therapie liegt es mir immer wieder am Herzen, herauszufinden, welche Motivation, welchen Einsatz der Klient überhaupt bringen möchte. Ist der Einsatz zu gering, die Energie zu lau, kündigt sich meist eine eher schwierige gemeinsame Arbeit an!

Mit einer kleinen Übung zu Beginn Deiner „Helden-Reise zum Glück“ kannst du dich selbst ein klein wenig testen! Nimm einen Meterstab oder eine Maßband zur Hand, lege es aber vorerst zur Seite. Schließ nun die Augen und stell Dir vor Deinem inneren Auge eine Zahl vor. Lass die Jahreszahl oder dein Alter auftauchen, an dem Du diese Erde verlassen wirst. Stell Dir also einfach vor, wie alt du wirst!

Die erste Zahl, die auftaucht ist die Richtige! Nimm nun das Maßband zur Hand, markiere die Stelle, an der die vor dir aufgetauchte Ziffer steht!

Jetzt mache bitte an der Ziffer einen Strich oder Merker, der dein heutiges Lebensalter zeigt! Nun sieh dir die Differenz von dem einen Strich zum anderen an! Wie viel Zeit bleibt dir (nach heutiger Imagination) noch, dein Leben zu ändern? Und wie viel Zeit hast du bereits hinter dir gelassen!

Wie fühlst du dich jetzt?
Bist du motiviert?
Hast du Zeit für dich?

Fühle.

Wenn ich noch einmal jung wäre, würde ich viel mehr Fehler machen und würde sie alle auskosten. Ich würde mit Stolz einen roten Kopf bekommen und mit Hingabe Fehler zugeben und daraus Erfolge zaubern!
Ich würde barfuss in der Stadt laufen und alle Menschen auffordern es auch zu tun. Ich würde in Besprechungen endlich das sagen, was ich immer sagen wollte. Ich würde meinen Partner viel mehr zuhören, weil ich heute weiß, dass er mir viel zu sagen hat. Ich würde mit Kindern auf der Strasse sprechen und selbst zum Kind werden. Ich würde mich auf den Sportplatz stellen, obwohl ich die Sportart nicht beherrsche. Ich würde viel mehr tun und weniger lassen, weil ich heute weiß, dass ich alles machen kann was ich will!

Dein Leben ist jetzt. Lebe es.

Jetzt.

Ein berühmter Golfspieler hat einmal gesagt, wenn Du auf den Golfplatz gehst, dann machst du dich auf die Suche nach deinem Feld. Für die Momente, die da noch kommen. Er sprach von einem Golfplatz, wie vom gesamten Raum seines Lebens. Als sei der Golfplatz der Spiegel des Lebens. Gewissermaßen, ein Abbild, mit allen Höhen und Tiefen. Da gibt es Bunker, er nannte sie „Strand". Es sind mit Sand gefüllte große „Löcher", die den Ball gerade genau vor dem Ziel noch einmal aufhalten, wenn Du nicht ordentlich triffst. Der kleine Ball versinkt gerne im Sand und lässt sich nur schwer anheben. Wie im richtigen Leben. Kurz vor dem Ziel gibt es da doch noch ein Problem, etwas Unerwartetes. Hast du alles überstanden, deinen Ball ins Ziel gebracht, dann gehst du zum nächsten Abschlag. Ein neuer Versuch, das Leben anzukurbeln. Eine neue Aufgabe wartet auf Dich. Ein neuer Abschnitt wartet, eine Herausforderung steht bevor. Wie hältst du den Schläger. Fest und sicher oder nervös mit feuchten Händen. Weißt du was du tust oder bist du zögerlich? Dein Griff zeigt, wie du dein Leben anpackst, wie sicher du dir bist. Bist Du ein Held in deiner Welt? Gleich wirst du ausholen. Wie ist dein Schwung? Der Schwung zeigt dir die Energie und den Rhythmus in deinem Leben. Und? Triffst du? Wie sieht dein neuer Lebensabschnitt aus? Schlägst du daneben? Kannst du über dich lachen oder verfällst du in Wut und Entsetzen, möchtest besser sein? Und so wird es weiter gehen. Ein Golfplatz hat 9, 18 Löcher, auch manchmal 27. Ein Menschenleben hat manchmal so unendlich viele Jahre, manchmal sogar nur Stunden. Wer weiß es genau? Niemand.

Und wie im richtigen Leben, fällt es dir von Abschlag zu Abschlag, von Fairway zu Fairway, von Loch zu Loch etwas schwerer. Konzentration und Kraft lassen allmählich nach. Wie im richtigen Leben. Es wird schwieriger für Dich, die Konzentration zu halten. Und Du verzweifelst vielleicht an den Fehlern, die Dir schon in diesem Spiel widerfahren sind. Schlimmer noch, die begangenen Fehler haften Dir an wie Pech, sie lassen Dich nicht mehr glauben, dass Du es noch besser machen könntest. Vielleicht gibst Du schon auf, weil Du die Hoffnung verloren hast, besser zu werden? Wie viele Punkte hast Du gemacht? In deinem Lebensspiel?

Alles um uns ist ein Abbild dessen, was uns selbst betrifft. Im Kleinen wie im Großen. Denn das Leben ist ein Spiel. Nur du entscheidest, wie du es spielst.
Vielleicht erleichtert dir die folgende Nachricht ein Stück weit mehr dein persönliches Leben: das Spiel des Lebens ist ein Spiel mit offenem Ausgang. Niemand kann vorher sagen, was passiert. Doch uns Menschen fällt es in der Regel schwer, einen offenen Ausgang anzuerkennen. Es verhält sich ähnlich wie mit der Vorstellungskraft, dass unser Universum eine Unendlichkeit darstellt. Wir Menschen neigen zur Kontrolle, zur Suche nach Sicherheit. Etwas was wir nicht beeinflussen können, möchten wir uns auch nicht vorstellen.

Die soeben beschriebene sportliche Aktivität ist natürlich austauschbar. Mit Tennis, Wandern, Joggen, Schwimmen, Rollstuhlfahren, Skaten, an Krücken gehen – alles betrifft uns und ist ein Spiegel für uns. Nur wir entscheiden, ob wir fühlen lernen oder eben nicht. Alles mit offenem Ausgang. Nichts ist uns wirklich sicher. Kein Beruf, keine Partnerschaft, keine Liebe. Doch gleichzeitig finden wir uns in allen Situationen wieder, die uns das Leben spiegelt. Alles sind wir und wir sind gleichzeitig alles andere. So sind wir eines.

So ist das Leben eigentlich nur für dich da. Du entscheidest, was du daraus machst - in jeder Sekunde.
Ein Spiel wie das Golfspiel, zeigt dir, wie Leben funktioniert. Kein Schlag ist umkehrbar. Kein guter, kein schlechter. Dein Leben findet nur jetzt statt. Der Schlag von vor einer Minute, sei er noch so gut oder schlecht – du bestimmst – ist Vergangenheit, unwiederbringbar in dieser Zeit!
Und der Schlag der jetzt gleich folgen wird ist immer noch Zukunft, bis du ihn ausführst. Und dann, blitzschnell, ist auch er Vergangenheit. Was für ein Gefühl – du hast es in der Hand!

So funktioniert Leben.
Beim Zähneziehen oder bei deiner Lieblingsbeschäftigung.
Alles deines. Und schon wieder sind Sekunden deines Lebens vergangen. Beim Lesen dieser Zeilen. Du entscheidest, was du dir in diesem Leben nimmst und was du gibst!

Das Ende am Anfang.

Du öffnest gerade deine Augen. Wie nach einem langen erholsamen Schlaf. Dein Blick schweift umher. Es ist relativ dunkel. Doch Du erkennst, dass Du hier zuhause bist. Nein mehr noch, irgendwie bist Du angekommen. STILLE.

Wo bist du da?
Du blickst umher. Etwas Vertrautes stoppt deinen Blick.
Was kannst du erkennen? Was ist es? Wie fühlst du dich damit?
Und jetzt wo du umher blickst, erkennst du, dass jemand bei dir ist. Jemand, der dir ganz nah, ganz vertraut ist. STILLE.

Dieser Mensch ist für dich gekommen. Er ist bei dir, ganz nah. Wer ist es?
Wer steht da noch? Ist da noch jemand? Wie fühlst du dich in diesem Moment?
Um was geht es hier eigentlich? Du atmest schwerer. Es ist so dunkel.
Es ist alles so nah und doch so fern.
Du stehst am Ende. Ja richtig, es scheint, als seiest du nun angekommen.
Es geht zu Ende.
Im Lächeln des Menschen der bei dir sitzt erkennst du Wärme. STILLE.

In seinen Augen spiegelt sich dein Leben.
Dein ganzes Leben wird dich nun noch einmal passieren.
Was hast du noch vor kurzem so gern gemacht?
Wen hattest du so gern an deiner Seite?
Wer war es, mit dem du so herzhaft lachen konntest, dass dir der Bauch geschmerzt hat?
Wolltest du ihm noch etwas sagen?
Dein Beruf hat dich so manches Mal genervt.

Und doch gab es da Dinge, die dich bereichert haben.
Der Erfolg? Die Kumpels? Die Geburtstage im Kreis der Kollegen?
Wo sind sie heute wohl alle? STILLE.

Dein Partner. Erinnerst du dich an das erste Mal?
Wie war es schön, was habt ihr daraus gemacht?
Was ist es, was noch offen ist?
Was hattest du vergessen zu sagen?
Ich liebe dich? War es das? STILLE.

Und in der Schule – wer hat dich immer auf die Schippe genommen?
Kannst du ihm denn heute noch Böse sein?
Und die erste Liebe – Wow, war das ein Trubel der Gefühle.
Dachtest Du auch es sei der einzige und letzte Mensch, den du lieben kannst? STILLE.

Beim Spielen mit dem Nachbarn – unbeschwert und lustig, alles lag vor dir!
Dein ganzes Leben!
Und der erste Klaps auf den Po – irgendetwas hast Du anscheinend nicht ganz so gemacht, wie es Mutter oder Vater wollte!
Ja genau... Mutter und Vater. Durch sie bist du auf diese Erde gekommen.
Danke - ich habe viel erlebt – manchmal konnte ich es nicht einmal schätzen – so viel war es!
Und jetzt. Jetzt gehe ich, dabei hätte ich noch gerne so viel gemacht....
Gespielt...gelebt...geliebt...gedankt...vertraut...gehört...gesehen....
DUNKEL.

STILLE.

Dein Leben ist eine außergewöhnliche Erfolgsgeschichte. Du hast auf der ganzen Linie Glück. Du bist unter Wenigen auserwählt. Du hast Erfolg. Und du bist einzigartig. Woher ich das weiß? Obwohl ich dich vielleicht gar nicht kenne?
Jeder von uns schreibt seine ganz eigene Erfolgsgeschichte. Von Beginn an. Bis zum Schluss. Das Leben ist, was du daraus machst. Und es beginnt mit einem Erfolg! Denn unter vielen, vielen Millionen Samenzellen hat es eine zur Eizelle deiner Mutter geschafft – und daraus bist du entstanden! Dein Leben beginnt in Millimeterschritten. Du entwickelst dich 9 Monate in deine Richtung in deiner Mutter und du kommst durch deine Mutter auf diese Erde. Eine Erfolgsgeschichte. Denn hätte es nicht so funktioniert, könntest du heute diese Zeilen nicht lesen!
Was hast du aus deinem Leben gemacht? Bist du dir bewusst, dass du es aus eigener Kraft auf diese Erde geschafft hast? Bist du dir im Klaren darüber, dass du dein Leben selbst in der Hand hast.
Kannst du dir vorstellen, dass dein Leben aus vielen kleinen Leben besteht. In jeder Sekunde?
Wenn du einen Baum betrachtest, dann besitzt jedes Blatt so viel in sich wie ein ganzer Baum. Wenn Du ein Blatt in die Sonne hältst, dann erstrahlt in diesem einzigen Blatt ein ganzer Baum.
Ist das nicht wunderbar? Im Kleinen wie im Grossen ist alles gleich!
Und in jeder Sekunde deines Lebens kannst du das entdecken, was dich ein ganzes Leben lang berührt. Sei wachsam. Du blickst aus dem Fenster. Siehst und hörst etwas. Es beeindruckt dich. Nichts ist wunderbarer als der Moment in dem du dir deines erfolgreichen Lebens bewusst wirst. Du bist hier, mit all dem, was du benötigst! Es liegt nur in deiner Hand es so zu tun, wie du es vermagst, wie du es wirklich willst! Nichts kann dich hindern. Nur du dich selbst!
Lass dir nicht zu viel Zeit. Lass die Zeit nicht verstreichen, ohne den Moment zu genießen!
Was tust du gerade?
Blicke auf, sieh dich um und werde dir deines Lebens bewusst.
Warte nicht auf das was kommt, nimm das, was ist und forme es für

dich! Du wirst staunen was in dir steckt! Nutze die Gunst der Stunde und werde dir bewusst, was dir gerade angetragen wird! Wie informiert dich dein Leben gerade? Was kannst du neu in Form bringen? Was kannst du verändern? Probiere es aus. Denn gleich jetzt ist der Moment vergangen. Deine Uhr läuft. Die Zeit kannst du nicht zurückdrehen. Stell dir vor, du verschwendest diesen Augenblick mit etwas, was dir nicht gefällt? Wie schade! Du hast so viel Kraft!
Wenn du diese Zeilen liest und dir es gerade nicht so gut geht, wenn du krank bist, wenn du enttäuscht bist vom Leben, dann frage dich was es mit dir und deinem derzeitigen Zustand zu tun haben könnte? Was ist es, was du vielleicht gerade lernen solltest? Auf was solltest du besser aufpassen? Und bedenke, es sind nicht die anderen die lernen sollen, nur du bist es der aus der jetzigen Situation etwas wirklich Gewinnbringendes erfahren kann!
Verlass dich auf dich und du wirst nie verlassen sein! Höre auf dich und du bist weiser als alle Ratgeber miteinander! Probiere aus und dein Erfahrungsschatz wird stetig wachsen.

Mein geliebter Mentor Werner Bauer, der Mensch, der mich nach meiner Karriere als Inhaber einer Werbeagentur, die er von „außen“ beobachtete, durch eine Coaching-Ausbildung in eine neue Lebensrichtung gehen ließ, begleitete mich gewissermaßen auf einen „neuen Golfplatz“, in einen neuen Abschnitt meines Lebens. Er bestärkte mich oft darin, dass es nicht wichtig ist, wo du spielst, sondern wie es dir geht. Wie du dich fühlst und was du daraus mitnehmen kannst. Oder möchtest du ein Leben lang auf dem gleichen Spielfeld spielen?

Eine Tages waren wir wieder einmal geschäftlich unterwegs. Es ging um Management-Beratung. Wir hatten ein gutes Gespräch mit dem zukünftigen Klienten, einen guten Auftrag und gingen in eine kleine ursprüngliche Gastwirtschaft im Fränkischen. Einfach aber fein. Wir besprachen Aufträge und Aufgaben. Ich schrieb ganz detailliert mit, plante schon erste Organisationsabläufe. Ich will meine Sache gut machen. Viele Zettel, Notizen, Bilder und Prospekte lagen auf dem Tisch. Ich sortierte sie nach dem Bezahlen und wir verließen das freundliche Gasthaus. Draußen tobte ein frischer Frühjahrsturm, die Sonne wärmte unsere noch wärmehungrige Winterhaut. Und plötzlich, als ich über ein kleines Mauerwerk im Hof steigen wollte, vertrat ich mich, meine Papiere, die ich heil ins Auto bringen wollte, glitten mir aus der Hand und alles machte sich im Wind auf und davon. Wie von einer Windhose gepackt wirbelten die wichtigen Unterlagen um uns herum. Ich hechtete den fliegenden Blättern hinterher. Plötzlich schrie Werner: „HALT! Bleibe stehen! Rühr Dich nicht!“ So laut als müsste er mich vor einem Absturz in ein Krokodilgewässer schützen! Noch einmal „HALT –bleib so wie Du bist!“ Ich befand mich auf einem Bein, unbewegt, ausgleichend, balancierend, Werner anblickend. „Nie wieder wirst du diesen Augenblick erleben, er ist gleich vorbei – halt inne!“ ich war ruhig, etwas irritiert. Und dann plötzlich ganz in meiner Mitte! Alles um mich herum verschwand. Ich genoss den Augenblick. Und um den Augenblick noch einmal erneut zu erleben, warf Werner seine ganzen Papiere in die Luft! Wir tanzten und lachten und genossen diesen Augenblick, denn gleich war er vorbei! Was für ein Gefühl. Für einige Sekunden schien unser Leben fast stehen zu bleiben. In Glück, Freude und Dankbarkeit über diesen Moment. Das Leben ist ein Spiel!

Dieses Gefühl für das Hier und Jetzt habe ich mir, habe ich Werner, habe ich dem Leben nie vergessen. Es hat sogar mein Leben verändert! Danke Werner. Und Dank an mich, dass ich diesen Augenblick so erleben konnte. In diesem Moment waren auch Menschen um uns, die uns möglicherweise beobachteten. Uninteressant – wir waren Eins mit dieser Erde, in diesem ganz gewöhnlichen Moment unseres Lebens, der sich jederzeit wiederholen lässt. Tag für Tag – einfach nur innehalten! Und das Geschenk an Werner und mich – es ging keine Notiz verloren, wir haben alles wieder gefunden!

Denn wenn du das Leben spielerisch, dennoch respektvoll nimmst, so wird dir nichts verloren gehen, was du wirklich benötigst. Es bleibt dir alles erhalten, weil es zu dir gehört.

Ich gebe meinen Jahren Leben.
Nicht meinen Leben Jahre.
Pestalozzi

Blicke doch einfach in deine Hand. Ja, jetzt gleich.
Entdecke, wie sich deine Hand bewegt.
Wenn Du es möchtest. Du hast es in der Hand.
Wo greift sie gerade hin. Zeigt sie irgendwo hin?
Was kannst Du sehen? Jetzt.
Stell Dich ganz in Ruhe hin und zeige mit deiner Hand irgendwo hin.
Gehe dorthin, wo deine Hand hinzeigt. Folge deiner Hand.
Du hast es in der Hand.
Was möchte sie greifen. Was kannst du jetzt fühlen, wie geht es dir damit.
Was kannst Du jetzt entdecken. Sonne. Bäume. Blüten. Gras.
Einen anderen Menschen?
Sei dir bewusst du hast es in der Hand.
Jetzt. Nicht gestern. Nicht morgen. Jetzt.

Gesetz von Ursache und Wirkung

Wer nicht einmal vom Weg abkommt,
bleibt auf der Strecke!

Auf alles was du tust, folgt etwas. Du hast es in deinem Leben spätestens dann das erste Mal erlebt, wenn du Mutter oder Vater die Zunge gezeigt hast. Oder dem Lehrer in deiner Schule etwas hinterher gerufen hast, was nicht ganz stubenrein war. Erinnerst du dich? Es lag schon damals nur in deiner Verantwortung!
Egal was vorher war. Es war in dem Moment deine Entscheidung!
Und daran hat sich bis heute nichts geändert!

David kam zu einem Infogespräch und bat um Rat. Man hatte im geraten, er solle mehr fühlen, solle mehr Kontakt mit sich aufnehmen. Wie könnte er das tun? Ich erzählte ihm genau die Gegebenheiten, die du gerade gelesen hast. Er war verwundert. Er bekam keine „Medizin" verabreicht – die ihn passiv kurieren, sondern „Geschichten" zu hören, mit denen er sich auseinander setzen sollte. Nach dem Gespräch bekam er von mir die „Aufgabe", in der kommenden Stunde achtsam zu sein. Er solle alles, wirklich alles wahrnehmen, was ihm auffällt. Und er solle feststellen, was es in ihm bewegt. Welche Resonanz es in ihm hervorruft.

Alles Geschehen auf dieser Welt wird bestimmt durch das Gesetz von Ursache und Wirkung. Alles was Wirkung zeigt, also alles was kreiert wird, auch im Sinne des (eigenen) Schöpfungsprozesses, entsteht durch uns als Schöpfer. Es gibt immer einen Zusammenhang zwischen dem, was war und dem was folgt. Das was wir gerne Zufall nennen, ist nur der Ausdruck für eine verborgene Ursache, deren Grund wir nicht bewusst wahrnehmen können oder wollen.

So gibt es auch für unseren Willen eine Ursache. In Folge (> ERFOLG-t!) von Erziehung, Prägungen, Umwelt, Erfahrungen,

Meinungen, die alle wiederum eine Ursache haben.
Wenn wir uns auf uns beziehen, wenn wir in Kontakt mit uns sind, in dieser oder jener Minute, haben wir jederzeit die Chance einzugreifen. Somit haben wir selbst es in der Hand, die Wirkung zu verändern.
So wird das Gesetz zum treuen Diener des Schöpfers in uns. Phantastisch dabei ist, dass jede Wirkung in Qualität und Quantität immer genau der Ursache entspricht.

So gibt es keinen Zufall. Ein Zufall, ist ein Fall, eine Ursache, die zutrifft, eintritt, auf uns wirkt - und gehorcht damit schon wörtlich dem natürlichen Gesetz von Ursache und Wirkung. Zufall ist das, was mir selbst aufgrund meiner Person, meines Lebens, meines Soseins einfach zu-fällt. Zufall oder „Glück gehabt zu haben" sind nur die umgangssprachlich Worte für einen nicht zusammengefügten Zusammenhang von ehemaliger Ursache und jetziger, eintretender Wirkung!

Es ist als würde ich mir als 3-jähriger die Finger an einem Bügeleisen verbrennen, aber erst als 38-jähriger die Blasen und die Schmerzen an meiner Hand erkennen. Liegen Ursache und Wirkung zeitlich direkt zusammen - also der Fuß den ich mir am Tischbein anschlage, weil ich noch ganz verschlafen bin, die Delle im Auto, weil ich versucht habe, mein Auto in einer zu engen Parklücke einzuparken – dann erkenne und akzeptiere ich den Zusammenhang! Liegen Ursache und Wirkung möglicherweise Jahrzehnte auseinander – eine früher geäußerter Wunsch und eine heutige Auswirkung dessen – dann möchte dies so manch einer nicht glauben! Dann fällt es uns schwer, zu sehen und zu akzeptieren, dass wir die Schöpfer unserer Ursachen waren!

Doch das Gesetz von Ursache und Wirkung bleibt davon unberührt, weil es ist, wie es ist. Es wirkt!

Wenn du das gerade gelesene Kapitel mit einer persönlichen Erfahrung vertiefen möchtest, nutze das komplette Legespiel, wie zu Beginn des Buches in einzelnen Schritten beschrieben. Du erhältst damit einen neuen Blickwinkel auf dem Weg zur Lösung deines Problems.

Die Karte, die Repräsentant für dieses Kapitel ist, heißt:
DIE ERINNERUNG
Die Frage, die bei dieser gelegten Karte auftaucht ist:
„An was erinnert dich dein Problem, deine Fragestellung oder diese Situation?“

Wichtig! Die Erfahrung mit dieser Karte kannst du nicht einzeln, sondern immer nur mit der ausgelegten Karte im Legesystem machen.

Gesetz der Resonanz

„Was gleich ist, reagiert aufeinander". Dies ist das Gesetz der Resonanz. Wie eine Stimmgabel die zweite Stimmgabel zur Resonanz anregt, so findet sich auch im Menschen etwas durch seine in Schwingung gebrachte Energie zusammen. Was energetisch zusammen gehört, zieht sich deshalb „magisch" an, wenn es in Kontakt miteinander kommt.

Besagter David kam nach 10 Minuten wieder zurück. Er hatte seinen Autoschlüssel vergessen. Er nahm es für sich als Zeichen wahr: „Ich glaube ich bin hier richtig!". David begann sich zu verändern. Er folgte seinem Gefühl, seiner Intuition. Er hatte in wenigen Minuten gelernt auf eine wichtige Person zu hören, auf sich selbst! Darauf hatte er 39 Jahre lang gewartet. Ohne es zu wissen. Jetzt ist er sich ein Stück selbst bewusster. Meist sind es die ganz kleinen Eingebungen im Leben, die uns verändern! Es sind die Informationen um uns, die uns nach der Wahrnehmung neu formieren. Und dies ist immer eine Chance für uns. Nur wir selbst können schließlich unserem Leben eine neue Richtung geben. Niemand kann dir dabei helfen. Nur du bist der Held in deiner Welt. Kein anderer.

Auch dieses Gesetz ist wieder ein ganz natürliches Prinzip, weil es der Natur des Menschseins entspricht. Gleiches zieht Gleiches an und wird durch Gleiches verstärkt. Jeder zieht nur das an, was seiner derzeitigen Schwingung entspricht. Bei David, war es die gefühlte Sicherheit etwas Richtiges zu tun. Bei anderen ist es die Entscheidung für das eine oder eben das andere. Aber auch Angst zieht auf natürliche Weise das an, was es befürchtet. Und Liebe zieht in Folge das an, was es „erlieben" und erleben möchte. Unsere Resonanz bestimmt die Reaktion unserer Umwelt. Und unsere Umwelt bedingt die Qualität in der wir leben. Bestimmt darüber, ob unser Leben für uns „lebenswert" ist! Es liegt in deiner Resonanz und somit in deinen Händen.

Spannend dabei ist, dass Schwingungen eine Resonanz hervorrufen, ob wir es möchten oder nicht. Unsere Schwingungen sind gewissermaßen nicht zu täuschen. Häufig müssen wir erst einmal erkennen lernen, mit wem oder was ich überhaupt in Schwingung bin!

Wenn du auf einer Gitarre eine Saite anspielst, dann beginnen alle jene Saiten mit in Resonanz zu treten, die gleichartige Schwingungen anzeigen. So wird auch unser Körper immer nur von dem berührt, was mit ihm in Schwingung treten kann. Wir nehmen Energien, Schwingungen, Misstöne auf, für die wir im Moment empfänglich sind. Es ist das Gesetz der Energieübertragung.

Es liegt also an uns, wie wir uns für Schwingung öffnen möchten, wie wir uns möglicherweise verschließen, wie wir uns verstärken oder reduzieren. Alle heiligen Gesänge, Gebete und Mantras beruhen auf diesem Prinzip. Auch Motivationstrainer haben entdeckt, dass ich, wenn ich mich lachend vor den Spiegel stelle, nach einer Minute positive Schwingung in mir aufnehme. Das ist sogar wissenschaftlich untermauert, da in Folge veränderter Gesichtszüge, Körperreaktionen eintreten.

Das Gesetz der Resonanz wirkt, wie gesagt, auch ohne unser Wach-Bewusstsein, also im Unterbewusstsein. Ob ich das Gesetz achte oder nicht. Wir alle kennen das aus folgender Situation. Du kommst in einen Raum, in dem dich 2 Personen erwarten. Du wirst freundlich empfangen und dennoch, du fühlst, dass die beiden Personen gestritten haben. So trittst du – ohne dein Zutun – in Resonanz mit der Energie, die im Raum schwingt.

Unser Fühlen ist ein unsichtbarer Magnet, der alles aufnimmt und anzieht, was in dieser Welt mit uns in Resonanz steht. So wird unser Leben erst lebenswert und überhaupt erlebbar. Was wir im Anschluss an eine Resonanz daraus machen, liegt an uns und unserem Ego. Wenn wir etwas nicht gut finden, uns darüber maßlos aufregen, liegt dies nicht nur an demjenigen, der mich vermeintlich ärgern möchte. Meist verfallen wir in Wertungen, zeigen auf andere und weisen Dinge die wir in uns erleben, weit von uns. Wir beklagen Defizit und Unzulänglichkeit bei anderen und erkennen unsere eigenen nicht! Bemerken nicht, dass alles was wir erleben mit uns zu tun hat, weil es mit uns schwingt und in uns Resonanz erzeugt! Eben weil wir es erleben, weil wir uns vielleicht darüber freuen oder beschweren!

Durch die Fähigkeit der Resonanz erschaffen wir überhaupt erst unsere Welt, die wir oft in Folge nicht wahrhaben wollen. Wir dichten unsere eigene Welt und stricken Lebenslügen um uns (der Partner oder der Vorgesetzte sind wie immer schuld)! Diese Lebenslügen treten natürlich wieder mit uns und anderen in Resonanz und erzeugen wiederum Resonanz. So wird, aus möglicherweise von der Realität verschobenen Erlebnissen, für uns plötzlich Wahrhaftigkeit, allein durch die eigene Nicht-Wahrnehmung meiner Resonanz.

Wir Menschen neigen dazu, unser Verhalten so auszurichten, in dem wir zuerst einschätzen, was auf die Tat hin folgen könnte. Unser Verhalten wird also durch die folgende Konsequenz bestimmt. Spinnen wir den Faden weiter, könnte diese Vorgehensweise weiterhin fatale Folgen haben. Denn unser Verhalten ändert sich dann ja gerade aufgrund der Resonanz in der wir mit anderen stehen. Erkennen wir die Resonanz und unser Tun nicht, verstricken wir uns immer tiefer in unsere eigene „Nicht-Wahrnehmung"! Wir sprechen immer mehr aneinander vorbei und entfernen uns zunehmend. Soweit, bis wir das Gegenüber überhaupt nicht mehr verstehen.

Es ähnelt einem Radio, das über mehrere Sendebereiche verfügt, du aber nur einen einzigen anhörst. Andere hören andere Sender. Obwohl sie auf der gleichen Erde wohnen, das gleiche Radio haben, das jeweils auf UKW eingestellt ist, werden sie sich vielleicht nicht verstehen und können sich auch nur schwer über das eigene Erlebte austauschen.

Oder anders formuliert. Ein eingefleischter Motorradfan richtet sein spezielles Augenmerk nur auf andere Motorräder und weniger auf

Autos. Autos nutzt er nur für die Überbrückung des kalten Winters, in dem er nicht auf dem Zweirad unterwegs ist. Plötzlich kommt sein Kind, eine neue Seele auf diese Welt. Der Motorradfahrer und seine Freundin bekommen Nachwuchs. Nun wünscht sich die Frau ein praktischeres Transportmittel. Der Zweiradfan blickt sich nach Kombis um, denn Platz sollte auch für einen Zwillingskinderwagen sein. Und was passiert? Er sieht überall nur noch Kombis fahren. Seinen Freunden wird er berichten, dass es immer mehr Kombis gibt. Die Wahrheit ist, Kombis fuhren schon immer auf unseren Straßen, nur hat er sie bisher nicht wahrgenommen. Er war nicht in Resonanz mit Kombis. Dorthin wo du deinen Fokus richtest, erlebst du ganz natürlich Resonanz. Ähnlich einem Scheinwerfer. Dort wo er hinstrahlt, wird es heller.

Es ist auch immer nur menschlich, dass wir andere Menschen mit in unser Vertrauen ziehen, um Rat fragen. Wir befragen Ratgeber, vielleicht auch Wahrsager oder legen Tarotkarten, möglicherweise sogar unter Zuhilfenahme neuster Computertechniken, der Radionik. Alles verfolgt dabei nur einen Zweck: fremde Mittel sollen uns von außen helfen, Klarheit über unsere Befindlichkeit zu ermöglichen und sogar über unsere Zukunft Aufschluss geben.

Allesamt sind es Mittel und Wege, die versuchen die Resonanz, die Schwingung in uns sichtbar werden zu lassen. Uns über die Aufmerksamkeit einer speziellen Frage oder eines Anliegens, neue Blickwinkel zu gestatten. Sie können somit aber nur das fokussieren und vergrößern, was bereits in uns schwingt. Kein Wahrsager könnte etwas erzählen, was nicht schon längst in uns schwingt. Durch seine eigenen Fähigkeiten vermag er Dinge besonders gut zu erkennen, Schwingungen aufzunehmen – doch einen Blick in die Zukunft kann er sich nur dank unserer Schwingung genehmigen, denn auch er steht mit uns in Resonanz. Ein Blick in die Karten des Tarots ist ein Spiegel unserer Resonanz – ein Ist-Zustand, ein Fokussierer, keineswegs ein Zukunftsblatt. Und so weiter und so weiter.

Das eigentliche Thema ist die Wahrnehmung. Wahrnehmung dessen, was um mich geschieht, wie es mich berührt, mich beeinflusst. Aufmerksam zu sein, ob der Dinge, die um mich per „Zufall“ geschehen. So und nur so komme ich mit mir in Kontakt, sehe, fühle, berühre. Der Weg zu mir ist der einfachste Weg zum Glück. Es gibt keinen anderen. Und? Wie schwingt es jetzt gerade in dir?

Wenn du das gerade gelesene Kapitel mit einer persönlichen Erfahrung vertiefen möchtest, nutze das komplette Legespiel, wie zu Beginn des Buches in einzelnen Schritten beschrieben. Du erhältst damit einen neuen Blickwinkel auf dem Weg zur Lösung deines Problems.

Die Karte, die Repräsentant für dieses Kapitel ist, heißt:
DIE RESONANZ.
Die Frage, die bei dieser gelegten Karte auftaucht ist:
„Was genau kannst du in dir fühlen?“
„Womit bist du in Kontakt? Was schwingt in Dir?“

Wichtig! Die Erfahrung mit dieser Karte kannst du nicht einzeln, sondern immer nur mit der ausgelegten Karte im Legesystem machen.

Gesetz der Polarität

Liebe & Angst.

Der Wunsch Kind zu sein und, zu bleiben begleitet uns Menschen ein Leben lang.
Im Geschäftsleben, haben die Modelle Erfolg, die sich spielerisch umsetzen lassen, die Spaß versprechen. Und die leicht verständlich sind. In der Politik finden Machtspiele statt, die an Sandkastenspiele erinnern. Im Privatleben haben die Beziehungen Erfolg, die Mutter-, Vater- und Kind-Beziehungen leben lassen. Das Leben an sich ist ein Spiel.
Diejenigen, die es spielerisch spielen, haben den Spaß, das Glück und die Lust im Leben für sich gebucht. Wir werden authentisch, sehen die Welt mit unseren Augen und verlassen uns darauf!

Wir tauschen die Rollen täglich, stündlich sogar minütlich. Auf der Suche nach dem Einen. Auf der Suche nach dem was wir verloren glauben. Auf der Suche nach dem einen Gefühl.

NIMM MICH, WIE ICH BIN.
LIEBE MICH, WIE ICH BIN.

Kennst du die Funktionsweise eines Computers? Bei all der Komplexität eines Rechenwerkes erster Güte, liegt einem solchen Gerät eine einfache - wieder physikalische Arbeitsweise – zugrunde. Jeder Rechner auf dieser Erde kennt nur zwei physikalische Zustände, die ihn zu Höchstleistungen bringen. Fließen und Stoppen. 0 und 1.

Leben ist ebenso aufgebaut. Sonst hätten wir Menschen den Computer so nicht erfinden können. Leben ist pure Energie, die fließt oder eben stockt, bis zum finalen Stillstand, dem Tod. Lebensenergiefluss ist Liebe. Energiestau ist im weitesten Sinne Angst. Und durch Angst entstehen Druck und Mangel.

Wir alle kennen die Reaktion: „Wow, heute klappt wieder einmal alles – es fließt!“ oder aber auch „So was, seit dem ich aufgestanden bin, funktioniert aber auch gar nichts...!“ Stellvertretende, alltägliche Beispiele für Energiefluss - mit der Energie gehen - und Energiestau - nicht den richtigen Weg finden. Beides ist Teil des Lebens. Nichts kann immer klappen. Nichts läuft immer nur perfekt. Wo Licht ist, ist auch Schatten. Die Idee dahinter ist, dass ich alles wahrnehme, verstehen und fühlen kann, was es mit mir selbst zu tun hat, um wieder in den Energiefluss zu kommen. Ähnlich wie ein Kahn, der auf dem Fluss dahin fließt und einfach auch einmal ins Straucheln kommt, am Ufer hängen bleibt oder gar einmal strandet. Setze den Kahn wieder ins Wasser und er wird weiterschwimmen. Vielleicht musst du auch vorher ein Loch im Rumpf kitten, Ballast abwerfen, ein anderes Tempo angehen, was auch immer. Du hast es in der Hand.

Entspreche ich also nicht meiner Lebensenergie, entstehen Probleme und möglicherweise auch Krankheiten. Beides ein Zeichen, dass der „Besitzer“ von Problemen und Krankheiten von seinem eigentlichen Weg abgekommen ist, sein Kahn ist ins Straucheln gekommen. Es ist eine Warnung „Kümmere dich um dich“ „Achte dich, nimm dich ernst!“ „Möglicherweise ist jetzt eine Richtungskorrektur nötig, wenn es auch schwer fallen mag!“

Denn gerade wenn es uns schlecht geht, mag man sich nur ungern um „Richtungskorrekturen“ bemühen. Ganz im Gegenteil, geht es uns schlecht suchen wir Sicherheit, indem wir das tun, was wir kennen. Das tun, was uns am leichtesten fällt. Eine Richtungsänderung, hin zu einer positiven Erkenntnis, wird sozusagen erschwert. Doch ich bleibe dabei – gerade jetzt, wenn es dir nicht gut geht, hast du die besten Chancen zu lernen. Es ist die beste Gelegenheit in dich zu gehen, mit dir in Kontakt zu kommen und einen neuen Weg auszumachen. Die Chance ist nie günstiger!

Warum ist das so?

Liebe und Angst. Das eine geht nicht ohne das andere, ist aber nie mit dem anderen gemeinsam! So bin ich in Liebe und nicht in Angst. Oder ich bin in Angst und all den folgenden Abwandlungen der Angst, wie Traurigkeit, Schmerz, Unlust. Ich fühle das Fehlen von Liebe und Vertrauen. Die einfache Erkenntnis dahinter: Wenn es fließt, dann stockt es nicht. Stockt etwas, kann es nicht fließen. Das ist das natürliche Gesetz der Polarität.

Gott erhält den Bestand der Welt durch dauernden Wechsel:
der Tag wird zur Nacht, der Frühling zum Sommer,
der Sommer zum Herbst,
der Winter zum Frühling, und ein Tag gleicht niemals
in allem dem anderen,
es gibt neblige Tage, regnerische, trockene, windige, eine Abwechslung, die dem All eine große Schönheit verleiht.
Ebenso ist es mit dem Menschen, der - wie die Alten sagen -
ein Abbild der Welt im Kleinsten ist.

Franz von Sales

Es besagt, dass ich nur das eine tun kann, wenn ich das andere lasse! Nie kann ich an zwei Orten gleichzeitig sein. Nie das eine und gleichzeitig das andere tun. Wenn ich es dennoch tue, wird mir weder das eine noch das andere gut gelingen. Der welterfahrenen Powerfrau im Beruf wird es nicht gelingen, gleichzeitig zwei Kinder zu betreuen. Tue ich eines nach dem anderen dann ja. Möchte ich beides, werde ich womöglich eher neurotisch als glücklich, weil ich keinem von beidem wirklich entsprechen kann. Betrachten wir zum Beispiel den Handwerker, der an zwei Baustellen gleichzeitig sein möchte. Rafft er sich nicht auf, Termine ordentlich zu klären, wird er immer im Stress sein und doch keine zufriedenen Kunden haben.

Das Gesetz besagt, dass alles was ist, zwei Pole hat, in Wirklichkeit aber eins ist. Die scheinbaren Gegensätze sind ihrem Wesen

nach identisch, nur unterschiedlich im Grad ihres Ausdrucks. Jede Erscheinung auf dieser Welt hat immer zwei Seiten – wie die sprichwörtliche Medaille mit der „schönen“ und „unschönen“ Seite.
Darin liegt eine große Chance. Denn wenn ich das eine tue, bleibe ich das andere „schuldig“ – gleichzeitig kann ich es aber wandeln, sozusagen transformieren, indem ich die Münze einfach drehe. Ich kann im Dunkel ein Licht anschalten, ich kann lächeln, anstatt grimmig zu blicken. Ich muss lediglich meinen „Standort“ oder meinen Blickwinkel verändern, um zum wohler Stehen, zu meinem „Wohlstand“ zu kommen.

Dies kann tatsächlich räumlich passieren – ich suche mir einen neuen Standort und Blickwinkel. In dem Kinoerfolg „Der Club der toten Dichter“ hat der außergewöhnliche Lehrer seine Schüler gebeten, auf dem Tisch zu stehen, um die Hefte aus einem neuen Blickwinkel zu sehen, eben von weit oben!
Eine Veränderung meines Blickwinkels kann aber auch in meinem Inneren passieren. Sobald ich die Schwingung meiner Energie verändere, verändert sich auch die Energie meiner Umwelt. Denn nach dem Gesetz der Resonanz stoßen wir dann auch durch unsere Energieveränderung, Veränderungen im Außen an. Wir „wecken“ Neues im anderen, indem wir etwas in uns aufwecken! Wir werden zum Medikament für uns selbst! Ist das nicht wunderbar?

Alle Macht liegt nur in uns. Es sind nicht die anderen, die schwierig sind, wir selbst sind in unserer Polarität gefangen und werden durch andere ebenfalls an unser Veränderungspotenzial erinnert.

Denn der Sinn des Lebens ist Evolution. Ist Entwicklung. Ist den Weg des Heils gehen. Schicksal leben. Das Wort Schicksal findet, wie schon erwähnt, seinen Ursprung im Niederdeutschen, um das 16. Jahrhundert und bedeutet im übertragenen Sinne „Zum Heil geschickt“.

So ist der Sinn des Lebens darin begründet, Erfahrungen zu machen, aus denen Erkenntnisse erwachsen. Tenor: „Das entdecke ich und ziehe daraus einen Nutzen für meine Leben!“ Es gilt Aufgaben zu sehen und die Aufgabe des Lebens zu meistern. So bist du selbst auch deine Hauptaufgabe. Das Leben wird zum Spiel und du bist der Held in Deiner Welt.

„Kehre einfach vor Deiner eigenen Türe“ sprach meine Großmutter Meyer häufig zu anderen.
Denn wer nicht an sich selbst arbeitet, an dem wird gearbeitet. Das Leben fließt. Und wer dauernd Unüberhörbares überhört und Unübersehbares übersieht, der darf sich nicht wundern, wenn ihm eines Tages Hören und Sehen vergehen. Oder dass ein Mensch, der sich nur schwer im Leben bewegen mag, plötzlich und tatsächlich Schwierigkeiten beim Gehen hat.

Marc, ein engagierter junger Kaufmann, mit einigen Filialen im Lebensmitteleinzelhandel, kam zu mir in die Praxis und beklagte sein Leid. Er hatte gerade wieder einmal eine erfolglose Durststrecke zu durchleben. Und er erkannte aus früheren Gesprächen, dass es scheinbar immer in direktem Zusammenhang mit seinem Vater stand. Ohne dass sein Vater überhaupt etwas davon wusste, begann er ihn zu hassen, ärgerte sich schon über die kürzesten Telefonate. Sein Vater hatte die Familie verlassen, als Marc gerade 17 war. Eigentlich empfand er damals keinen sonderlichen Schmerz durch die Trennung der Eltern. Heute vertrug Marc sich mit Mutter und Vater gut. Mit dem Vater jedoch stand er fortan immer im geschäftlichen Wettbewerb. Und das Seltsame daran war, dass es immer beiden, Vater und Sohn, geschäftlich entweder gut oder schlecht ging. In irgendeiner Weise stand er immer in enger Resonanz mit dem Erfolg oder Misserfolg seines Vaters. Es machte ihm zunehmend Angst, denn dadurch wurde das Geschäftsleben noch unkalkulierbarer, als es eh schon war. Und er begann zunehmend, seinen Vater zu bevormunden, wenn sie sich trafen. Ihm zu zeigen, dass er es eigentlich viel besser könne, als der Vater. Er strengte sich an. In einer systemischen Sitzung konnten wir feststellen, dass er etwas für seinen Vater trug. Er sprach davon, etwas auf dem Rücken zu haben, wie einen schweren Rucksack. In einer weiteren Sitzung tauchte das Bild auf, das er seine Mutter beim Ehebruch mit einem anderen Mann „erwischt“ hatte. Damals hoffte er, dass ihn selbst niemand gesehen hatte und schwieg. Es stellte sich nun heraus, dass er noch heute eine tiefe Schuld gegenüber seinem Vater empfand, die ihm nicht mehr bewusst war. So tat er es dem Vater in allem gleich, um nur nie wirklich besser zu sein – er würde sich schuldig fühlen! Die Erkenntnis und die damit entstandene Resonanz, half Marc die Situation für sich zu verändern.

Marc stellte sich vorher – geleitet von Schuldgefühlen – über seinen Vater. In seinem Willen lag es, den Vater klein zu machen, ihm zu verdeutlichen, dass Marc es besser kann. Erst dann muss er sich keiner Schuld bewusst sein. Hier wurden Rollen vertauscht und Verantwortung übernommen, die Marc nicht „zustanden“! Erstens bleibt Marc immer der Sohn seines Vaters. Es ist „verschoben“, wenn der Sohn den Vater behandelt, als sei dieser das Kind. Was fehlt ist Demut, sich klein zu zeigen, sich auch einmal hilflos (als Kind) zu zeigen. Das tut gut und entlastet. Marc hatte in Folge dieser familiären Verstrickung seit Jahren erhebliche Knieschmerzen. Ein körperliches Zeichen für fehlende Demut (auf die Knie gehen). Und er trägt Verantwortung – wahrscheinlich für den Ehebruch der Mutter – den er nicht zu verantworten hat – es ist die Entscheidung der Eltern. In Erkenntnis und Aufdeckung dieses eigenen Anteils an der Familiengeschichte konnte Marc seinen Lösungsweg gehen, ohne andere Familienmitglieder mit in die „Schuld“ zu ziehen. Er hat die Verantwortlichkeit dort gelassen wo sie hin gehört und gleichzeitig die Verantwortung für sein Leben nehmen können. Die körperlichen Symptome verschwanden nach wenigen Wochen.

Mein Vorwort-Geber Dr. Ruediger Dahlke hat zum Thema körperliche Anzeichen, sein wohl bekanntestes Werk verfasst: „Krankheit als Symbol“. Denn es gibt für alle körperlichen Symptome analoge Hinweise auf die Seele des Erkrankten. Setze ich meine Seele davon

in Kenntnis, ist ein erster Schritt getan!
Zu erkennen, dass es nicht Sinn und Zweck des Lebens ist, das Glück für unser jeweiliges EGO ICH zu suchen. In den Wettbewerb mit anderen treten, schneller, höher, weiter als der Nachbar zu erklimmen entspricht nicht der Idee des Mensch seins. Es ist unser Selbst, dass genährt werden muss. Der deutsche Philosoph Friedrich Nietzsche fasste es mit den Worten „Werde der Du bist!".

Es gilt nicht, gut oder besser zu werden, schon gar nicht für andere. Sondern es gilt, Vollständigkeit in mir zu spüren. Mich selbst auszudrücken. In innerer Harmonie. Mit Freude und natürlich Liebe.
Nichts was man nur haben kann, macht wirklich glücklich. Es gibt genug Menschen, die alles haben und doch nichts. Reiner Besitz besitzt uns. Baue ich mein Leben ausschließlich auf meinen Besitz, besitzt mich der Besitz, ich werde regelrecht besessen. Er macht uns träge und vor allem abhängig.

Das Spiel des Lebens verfolgt also ganz eigene Regeln. Und den Sinn meines Lebens kann ich nur erfüllen, wenn ich ihn kenne.
Dieser Weg führt mich als erstes an mein Gefühl.

Denn Fühlen weckt die Sehnsucht
Erkenne den Augenblick!
Sammle wahren Reichtum, deine Erkenntnisse
Und der Glauben versetzt Berge.
Handeln schafft Glück.

Wenn du das gerade gelesene Kapitel mit einer persönlichen Erfahrung vertiefen möchtest, nutze das komplette Legespiel, wie zu Beginn des Buches in einzelnen Schritten beschrieben. Du erhältst damit einen neuen Blickwinkel auf dem Weg zur Lösung deines Problems.

Die Karte, die Repräsentant für dieses Kapitel ist, heißt:
DIE POLARITÄT.

Die Frage, die bei dieser gelegten Karte auftaucht ist:
„Was ist das Gegenteil oder die andere Seite deines Themas?“
„Was ist das Gute daran?“

Wichtig! Die Erfahrung mit dieser Karte kannst du nicht einzeln, sondern immer nur mit der ausgelegten Karte im Legesystem machen.

Glaube.

Wer nicht weiß, in welchen Hafen er will,
für den ist kein Wind der richtige.
Seneca

„Dir geschieht nach deinem Glauben“. Worte die bereits Jesus sprach. Der Glaube ist die Erinnerung selbst an das Göttliche, an die Schöpferkraft in uns. Nicht das, was wir wollen geschieht, sondern was wir tief in uns glauben. Der Glaube versetzt bekannterweise Berge. So ist es auch mit unserem täglichen Verhalten. Denn unser Verhalten wird – wie bereits erwähnt - aus der Konsequenz des Ergebnisses bestimmt. Und dies manifestiert sich immer wieder durch unseren Glauben und wird zur tiefen Überzeugung.

Wenn wir etwas erreichen wollen, und nur der Kopf ist „bei der Sache“, wird es uns nicht gelingen, wenn eine gegenläufige tiefe Überzeugung an etwas anderes gebunden ist. „Ich will mich doch gar nicht trennen...“ höre ich so manche Teilnehmer sprechen. Dennoch trennen sie sich zum x-ten Male. Ob passiv oder aktiv beziehungsunfähig. In uns scheint dann ein tiefer Glaube manifestiert, der uns darin hindert über eine Schwelle zu treten und zu einem tieferen Vertrauen zu gelangen, das uns dazu befähigt, uns wirklich auf eine Bindung einzulassen. Ob ich will oder nicht. Unser Glaube bestimmt das Sein.

Wissen stellt Tatsachen fest, Glauben schafft Tatsachen. So versuchen Wissenschaftler die Kraft der Religion (Religio = Rückbesinnung) zu erkunden. Vergebens. Denn Tatsache ist, wer nicht glaubt, glaubt dennoch. Denn auch wer nicht an Gott glaubt, glaubt, dass er nicht an Gott glaubt. Das wiederum prägt sein Verhalten. Amerikanische Wissenschaftler wollen sogar festgestellt haben, dass

Menschen, die friedlichen Glaubens sind, um Jahre länger leben. So tief wirkt der Glaube in uns. Über 1200 Studien belegen: Religiöse Menschen haben weniger Herz-Kreislauf-Erkrankungen, seltener Depressionen, brauchen nicht so viele Schmerzmittel und haben ein stärkeres Immunsystem. Solange man etwas findet, in das man seine Hoffnung setzen kann, kriegen die Selbstheilungskräfte einen starken Partner an die Hand. Menschen die alles anzweifeln, an allem herumnörgeln und kritisieren sind also von Grund auf schlechter gestellt, weil sie sich selbst klein machen. Sie geben ihrem inneren „Heiler“ keine Chance. Ich muss mir also der Verantwortung bewusst werden, dass ich meinen Glauben bestimme und nicht mein Umfeld. Ich bin verantwortlich für die Konsequenzen meines Glaubens, die wiederum mein weiteres Leben prägen!

Im umgekehrten Fall, dem kämpferischen Glauben, reißen Selbstmordattentäter meist viele andere Unschuldige in den Tod. Im tiefen Glauben, in einer besseren als der bisherigen Welt aufzutauchen. Wehret den Anfängen. Wohl überlegt sei, an was ich glauben möchte und werde!

Achte auf Deine Gedanken,
denn Deine Gedanken werden Wörter.

Achte auf Deine Wörter,
denn Deine Wörter werden Taten.

Achte auf Deine Taten,
denn Deine Taten werden Handlungen.

Achte auf deine Handlungen,
denn Deine Handlungen werden Gewohnheiten.

Achte auf Deine Gewohnheiten,
denn sie werden Dein Charakter.

Achte auf deinen Charakter,
denn Dein Charakter wird Dein Schicksal.

Aus dem Talmud

Glaube ist ein inneres Wissen. Ein Wissen aus dem zweiten Gehirn im Bauchbereich. Wissenschaftler sagen dazu enterisches Nervensystem. In unserem Bauch gibt es „energetische“ Zusammenkünfte, ähnlich unserem Gehirn. Denn der Darm sieht nicht nur optisch ähnlich aus, wie unser Gehirn. Vereinfacht ausgedrückt verknüpfen sich auch die Nervenbahnen nach dem Beispiel des „Bruders“ im Kopf. Wie das Gehirn ist das Verdauungssystem mit einem dichten Netz aus Nervenzellen überzogen. Über 100 Millionen spannen sich von der Speiseröhre bis zum Enddarm. Und diese Bauchnerven kommunizieren unter anderem mit denselben Botenstoffen, die eben auch im Gehirn vorkommen: zum Beispiel die Glücksbringer Serotonin und Dopamin. Man weiß inzwischen, dass das Bauchhirn alles kann, was das Kopfhirn auch kann: Informationen aufnehmen, verarbeiten, darauf reagieren. Das ist sogar überlebenswichtig. Der Bauch wird bei Entscheidungen also besonders aktiv. Der Volksmund spricht seit Jahrhunderten von einem „guten Bauchgefühl“. Warum hören wir dann so wenig auf unsere Innereien?

Glauben ist ein Wissen, das eben nicht auf „modernen“ Beweisen beruht. Es ist eher ein inneres Erkennen der eigenen Wahrheit und Wirklichkeit. Gewissermaßen ein Navigator für meine Welt, in der ich mein Held bin.
Denn wahrer Glauben ist die Gewissheit, dass das Gewünschte in Erscheinung treten muss, wenn ich mich der eigenen Kraft ganz öffne und sie auf das gewünschte Ziel lenke.

Bärbel Mohr spricht in Ihren Büchern sogar von einer entsprechenden „Bestellung beim Universum“. Ich bekomme alles, wenn ich es nur wirklich wünsche. Ob Parkplatz oder Partner. Doch aus meiner Sicht ist es ein Stück weit mehr als nur schnell einmal wünschen. Meine innere Einstellung, mein tiefer Glaube zu einer Sache ist es, die mein Leben beeinflusst.

Glaube ist also nicht einfach eine Bejahung, eine so genannte Affirmation, sondern die Gewissheit der Wahrheit. Erst dann „funktionieren“ Affirmationen. Stelle ich mich als Mensch, der gerade Partner und Job verloren hat vor den Spiegel und sage „Ich bin reich, schön und erfolgreich“ wird mir dies nicht dienlich sein können. Denn es sind auch hier die kleinen Schritte, die ich in mir fühlen muss, bevor ich losmarschiere! Erst Fühlen, dann Glauben und erst jetzt Handeln. Und alles im Rahmen meiner Möglichkeiten, mit meinen eigenen, ganz persönlichen Fähigkeiten.

Doch wer nur glaubt, was er sieht, der ist erst bereit an die Wirkung des Säens zu glauben, wenn er erntet.
Und das ist vielleicht zu spät.
Paracelsus erkannte: „Die Vorstellung ist die Ursache vieler Krankheiten. Der Glaube aber ist die Heilung aller Krankheiten.“

In Kontakt mit der Tiefe meines Glaubens komme ich, wie in vielen Übungen in meinen Kursen, nur durch Stille. Stille verrät mir alles über mich. Selbst auf die Gefahr hin, dass ich die Stille erst einmal gar nicht aushalten möchte. Auch dies ist eine Erkenntnis über mich.

In Stille finde ich für mich heraus, was ich wirklich in meinem einmaligen Leben als mein Held möchte. Wo liegt meine Aufgabe? Wie geht es jetzt gerade weiter?
In meiner Stille bin ich im Hier und Jetzt.
Nimm Dir jetzt eine kleine Auszeit. In Stille.
Schließe jetzt deine Augen und entdecke, ganz einfach ohne Anspannung, was auftaucht.

Was willst Du wirklich?

Diese Frage stelle ich meinen Teilnehmern immer im Rahmen unserer Übung der Selbstkonferenz®.
Eine längere Zeit verbringen wir mit Schweigen, nur durchbrochen von der immer gleich lautenden Frage: „Was willst Du wirklich?“ Mit jeder Minute wird uns allen dabei klarer, um was es wirklich geht. Was ist mir etwas wert? Was ist mein Wert? An was will ich wirklich glauben? Was macht mich eigentlich glücklich? Auf was bin ich in meinem Leben stolz?

Man stelle sich nur sinnbildlich vor, eine Frau ruft bei einem Versandhaus an und bestellt etwas ganz Schönes. Der freundliche Kundenberater am Telefon wird sie nun zunächst aufklären, dass mehr als Tausend schöne Artikel anbieten könne, die meisten davon schon morgen. Auf die Nachfrage hin, was die Dame denn genau möchte, wiederholt sie ihr Anliegen „Etwas richtig Schönes...“ Wir können uns vorstellen, wie es endet. Sie erhält nichts von alle dem. Denn sie hat keinen konkreten Wunsch geäußert.

Wir alle müssen uns klar darüber werden, was wir wollen. Was wir glauben.
Kein Bauer wird Weizen ernten und Apfelbäume erwarten. Er wartet auf Weizen. Der Bauer hat beim Setzen der Saat eine klare Vorstellung von dem, was kommen soll und wird! Darauf wird er vertrauen.

Setze Akzente. Lege fest, für was es sich für dich zu leben lohnt!
In deiner Welt.
Denn du bist der Held in deiner Welt. Niemand sonst.
Lass uns nun zu Taten schreiten. Lass uns jetzt handeln.

Dein Fühlen weckt Sehnsucht.
Dein Glauben versetzt Berge.
Dein Handeln schafft Glück.

Wenn Du das gerade gelesene Kapitel mit einer persönlichen Erfahrung vertiefen möchtest, nutze das komplette Legespiel, wie zu Beginn des Buches in einzelnen Schritten beschrieben. Du erhältst damit einen neuen Blickwinkel auf dem Weg zur Lösung deines Problems.

Die Karte, die Repräsentant für dieses Kapitel ist, heißt:
DER SIGNIFIKATOR
Die Frage, die bei dieser gelegten Karte auftaucht ist:
„Was willst du wirklich?"

Wichtig! Die Erfahrung mit dieser Karte kannst du nicht einzeln, sondern immer nur mit der ausgelegten Karte im Legesystem machen.

This Page is Silence.

Silence is a mirror.

Gesehen im Museum of Modern Art, New York

Handle.

Für das Können gibt es nur einen Beweis:
das Tun!
Marie v. Ebner-Eschenbach

Herkunft.
Wenn du weißt wo du herkommst, weißt du wo du hingehst.

Es ist ein Wintertag. 02. November. Es ist kalt um mich. Der angehende Winter, der langsam das Jahresende andeutet, zeigt auch oft das Ende eines Lebensdrehbuches an. In diesem Falle ist es ein Mensch der mir sehr nahe steht. Meine Mutter. Nie hätte ich mir ein Ende so vorgestellt. Ist es nicht eine schwere Last in Deinem Rucksack und doch eine Erleichterung? Hat es nicht wieder diese zwei Pole?

Albert Einstein sagte „Gott würfelt nicht". Es kommt zur bestimmten Zeit. Oder zur rechten Zeit? Sie scheint falsch – ist sie richtig? Es ist anders. Wenn du einen Menschen verlierst, der dir sehr nahe stand, ist es nicht wie Liebeskummer, ein Kummer, der dich verlässt. Es ist endgültig.
Es ist. Wie das Leben. So auch der Tod.

Und es ist ein Gefühl, als würde eine Schublade mit viel Inhalt aus einer Kommode gezogen und nicht mehr ersetzt. Du kannst dich erinnern, was in der Schublade war, aber du bekommst es nicht mehr anzufassen. Es ist weg. Es ist verloren. Oder ist es an einem anderen Ort. Egal.

Die Schublade fehlt. Ob du das wahrhaben möchtest oder nicht. Es ist ein Teil von dir, der mit auf der Strecke bleibt. Und dieser Teil fühlt sich an, wie ein Schacht in der Kommode, in der die Schublade fehlt.

„Hätte ich noch etwas sagen wollen?“ „Ist da noch was gewesen?“ „Habe ich Auf Wiedersehen gesagt oder ein Nimmerwiedersehen eingeleitet?“ „Warum habe ich was auch immer nicht gesagt?“ Eine gute Freundin hat einmal bemerkt, dass Sie täglich alle Menschen so verabschiedet, als würde sie sie vielleicht nie wieder sehen. So freut sie sich auch immer wieder aufs Neue! So wird die Schublade immer wieder neu gefüllt mit Überraschungen des Tages, des Gespräches, des Lebens. Was für ein Geschenk! Einen Menschen und seine Begegnung immer wieder neu entdecken!

Herkunft ist so wichtig für dich. Es gehört zum Glück, wie das Wasser zum Fisch. Egal, was du über deine Eltern denken magst, egal was du über deine letzten Beziehungen, Lieben und Freundschaften denken magst – auch sie alle sind nur für dich da und eine deiner vielen Spiegel. Schätze sie.
In meinen Kursen erlebe ich es immer wieder, daß Teilnehmer stolz darauf sind, mit ihren Eltern nichts mehr zu tun zu haben. Und immer wieder offenbare ich die Mitteilung, dass deine Wurzeln zu dir gehören, auch wenn du keinen Kontakt mehr dazu haben möchtest. Mir wird dann immer wieder entgegengesetzt, dass dem Teilnehmer so viel Schlimmes von den Eltern widerfahren ist und der Schmerz überwiegt. Ich kann und möchte dem nicht widersprechen, nur weiß ich aus Erfahrung, dass Liebe heilt. Ich muss für gewisse Taten nicht verzeihen, aber ich kann alleine für die Tatsache, dass ich durch meine beiden Eltern auf diese Erde gelangt bin, danken.
Danke ihnen. Sie alle sind ein Geschenk für dich. Auch wenn du es manchmal nicht glauben möchtest.

Übung:
Wenn Du einen Schritt weiter gehen möchtest, dann mal dir einfach einen kleinen Stammbaum auf. Fachleute nennen das **Genogramm.**

Beginne mit dir und deinen Eltern. Zeichne dich und wenn vorhanden deine Geschwister auf ein Linie und verbinde dann zu deinen Eltern, die über dir stehen. Diese kannst du wieder mit deren Eltern verbinden. Und so weiter. Wichtig sind auch deine Beziehungen in Ehe oder eheähnlichen Verbindungen. Hast du Kinder? Haben diese Kinder auch schon wieder Kinder? Nimm dir ein großes Blatt – du wirst es benötigen.

Achte darauf, dass du nichts vergisst und lass dir wieder Zeit, alles zu entdecken. Was ärgert dich vielleicht? Was macht dich traurig? Welche Erinnerungen kommen auf? Worüber freust du dich? Lass dich überraschen.

Das Leben sollte mit dem Tode beginnen,
nicht anders herum.
Zuerst gehst Du ins Altersheim, wirst dort herausgeworfen,
spielst ein paar Jahre Golf, kriegst eine goldene Uhr
und beginnst zu arbeiten.
Anschließend gehst Du auf die Uni
und genießt das Studentenleben mit einem Haufen Lebenserfahrung.
Nach der Schule spielst Du fünf, sechs Jahre,
dümpelst neun Monate in einer Gebärmutter
und beendest dein Leben als Orgasmus.

Von Donald Sutherland.

Für mich gefunden von meinem
brüderlichen Freund Marco.

Prinzip der Herkunft

DEIN STAND-Ort

Auf hoher See wissen wir es. Wenn wir mit dem Auto unterwegs sind, wissen wir es meistens auch – meistens. Wir kennen Abfahrt und Ziel. Und der Kompass oder Straßenschilder verraten uns, wo wir gerade sind. Ein Blick genügt und wir haben einen Zustandsbericht. Wir Menschen haben das so für andere Menschen konstruiert, um Seenot oder Irrfahrten zu vermeiden. Und wer ganz up to date ist, pflegt sogar ein Navigationssystem in seinem Automobil zu nutzen. Ist das nicht schön – ständig auf dem Laufenden zu sein?

Und wie steht es mit dir? Wie steht es mit deinen Fahrten auf See, auf dem Weg von A nach B? Weißt du, wo du gerade bist, wo du stehst?

Woher weiß ich eigentlich, dass ich unzufrieden bin?
Woher weiß ich, dass es mir gut geht?
Hast Du dir diese Frage schon einmal gestellt? Eine Vorstellung von meiner derzeitigen Situation gewinne ich nur dann, wenn ich mir über den Beginn „meiner Fahrt" und das anvisierte Ziel im Klaren bin. Aber können wir uns dies immer selbst klar machen? Ist es nicht gerade häufig unser Problem, dass wir uns von unserem Weg abgekommen fühlen und uns erst Recht nicht mehr über unsere Ziele klar sind?

Wie es auch sei – nur eine Information über unseren jetzigen Standort hilft uns unsere Reise zu beginnen. Denn stelle man sich einmal vor, du wirst bei der Ankunft mit deinem Segelschiff oder deinem PKW gefragt, wie die Fahrt war und wo du denn überhaupt her kommst? Wie wirst du antworten? „Ich weiß nicht woher ich komme"? Das gleicht dann nahezu der Aussage „Ich weiß nicht wer ich bin".

Was uns also im täglichen Tun ganz klar erscheint – eine Standortbestimmung – ist im Rahmen unserer Persönlichkeitsanalyse häufig doch wesentlich verschwommener.

Weißt du, wo du gerade stehst? Möchtest du es wirklich wissen? In allen unseren Kursen beginnen wir mit dem Element der Standortbestimmung – und es ist einfacher als es zunächst klingt. Probiere es einfach einmal aus.

Wenn du die folgenden Zeilen gelesen hast, lege das Buch beiseite und folge den kurzen Anweisungen. Nimm dir bitte wieder etwas Zeit – Zeit für dich. Die meisten Übungen sind geprägt von Achtsamkeit und Stille mit dir selbst. Wenn du im Außen Hektik hast, dich Lärm umgibt, wird es dir schwer fallen, die meisten der im Buch beschriebenen Übungen durchzuführen. Deshalb erneut die Bitte – nimm dir wirklich Raum und Zeit für dich. Im Grunde genommen ist dieser Raum bereits die erste Übung an sich selbst. Denn die meisten Menschen, die unsere Kurse besuchen, wissen nicht einmal mehr, wie es ist, sich Zeit für sich selbst zu nehmen. Viele weibliche Teilnehmer fühlen sich oft von der Arbeit zuhause mit den Kindern erdrückt und viele Männer kommen Ihrer Pflicht im Alltag so konsequent nach, dass sie nicht einmal in der Woche zu einem 10 minütigen Spaziergang, ganz alleine für sich, kommen.

Und wie geht es dir? Nimmst du dir Zeit für dich? Oder denkst du jetzt gerade „Mann ja... ich mach ja schon.. lass jetzt mal die Übung raus...!“ Dann bitte ich dich nochmals, Raum und Zeit für dich zu schaffen und die Übung in Ruhe zu beginnen – nur so wird sie gelingen.

Also nun noch einmal zur Übung. Wo befindest du dich gerade? In einem Raum, im Freien? In der Wohnung? Wo auch immer, lege das Buch nach diesen Zeilen zur Seite und suche hier, gerade wo du bist, einen Raum oder einen schönen Platz. Stell dir nun vor, dieser Platz ist dein derzeitiges Leben. Der Raum oder der Platz den du jetzt vor

Augen hast, steht sinnbildlich für Dein ganzes Leben.
Die Aufstellung beginnt. Stell dich nun im Raum auf!
Stehe auf, suche dir einen Platz in diesem Raum und bestimme deinen jetzigen Standort.

Wo stehst du da gerade?
Stehst du fest oder eher unsicher?
Sieh dich um, was kannst du von hier aus sehen?
Was fällt dir auf?
Was berührt dich?
Was stört dich?
Siehst du nach draußen, nach drinnen?
Was versperrt dir vielleicht deinen Blick?
Wo würde es dich hinziehen, wenn du dich bewegen solltest?
Und das Wichtigste, wie fühlst du dich jetzt gerade – in diesem Moment?
Was taucht auf? Ein Bild? Eine Erinnerung?

Wenn du dich – ohne dich fortzubewegen – ca. 10 Minuten umgesehen hast, klar geworden bist und gefühlt hast, verlasse diesen Platz.
Nimm dir ein Blatt Papier – darauf sollte stehen MEIN STANDORT!
Schreibe nun alles auf, was dir dazu einfällt: Petra, eine Teilnehmerin aus einem unserer ersten Kursen, schrieb beispielsweise in ihr Kursbuch „Stehe am Fenster, schaue nach draußen!“ „Fühle mich eng und eingesperrt“ „Will weg“ „Stehe aber so fest – kann mich fast nicht bewegen...!“

Wenn du alles notiert hast, versuche in diesen Aussagen, Themen zu finden, die sich dahinter verbergen. Was liegt nahe? Mit was bringe ich dieses Gefühl in Verbindung? Was soll es mir sagen? Was sagt dieser Standort über mich?
Wir nennen das „in Analogien denken“. So werden andere Zusammenhänge erkannt, weil neue Blickwinkel uns auffordern, neue Ver-

bindungen zu knüpfen.
Bei Petra, um bei diesem Beispiel zu bleiben, waren es die Sehnsüchte in die Ferne zu schweifen – sie zeigten sich im weiten Blick nach draußen! Weg zu kommen, hier „abzuhauen“, war ihre größte Sehnsucht! Sie stand aber so fest, irgendetwas hielt sie zurück, ja es gab ihr sogar Sicherheit!
Petra gewann mit dieser kleinen Übung noch weit mehr Eindrücke, die ihr Aufschluss über ihre derzeitige Situation, ihren Standort gaben.

Wie sieht es bei dir aus? Wie sieht dein Lebens-Standort aus?

Und was kannst du möglicherweise schon jetzt daraus schließen? Was fehlt, was wünschst du dir noch? Was würde Dir helfen, deinen Standort, hin zu Wohlstand, zu verändern?

Die Reise beginnt jetzt...

Wenn Du das gerade gelesene Kapitel mit einer persönlichen Erfahrung vertiefen möchtest, nutze das komplette Legespiel, wie zu Beginn des Buches in einzelnen Schritten beschrieben. Du erhältst damit einen neuen Blickwinkel auf dem Weg zur Lösung deines Problems.

Die Karte, die Repräsentant für dieses Kapitel ist, heißt:
DER WOHLSTAND
Die Frage, die bei dieser gelegten Karte auftaucht ist:
„Wo stehe ich gerade in meinem Leben?“

Wichtig! Die Erfahrung mit dieser Karte kannst du nicht einzeln, sondern immer nur mit der ausgelegten Karte im Legesystem machen.

Die Reise in die Seele.

„Wie geht es Ihnen?“ fragt der eine den anderen. „Blendend“, „Gut“ oder „geht so“ oder „könnte besser sein“. So oder ähnlich, täglich gehört auf unseren Straßen, Büros, Kaffeehäusern – wir alle kennen diese Floskeln! Doch was steckt dahinter? Wie geht es dem Befragten wirklich? Weiß er es überhaupt selbst?

Immer wieder beobachte ich in meiner Praxis, dass Menschen zu mir kommen und ihr Gesichtsausdruck nicht mit dem, was gesagt wird zusammenpasst! Die Körpersprache verrät uns viel über die Befindlichkeit eines Menschen. Der Körper lässt sich so leicht nicht „täuschen“. Noch weniger unsere Seele.

Und hier tauchen das erste Mal unser Dreigestirn Körper, Geist und Seele auf, wie es die Bibel schön schreibt (im folgenden Kapitel werden wir noch auf unsere eigentliche Rückbesinnung, die Religio kommen). Körper, Geist und Seele bilden im günstigsten Falle eine Einheit, sind energetisch gemeinsam im Fluss – wie ein warmer Strom, der uns mit Energie durchfließt.

Ausdruck von Geist ist nach meiner Auffassung und Erfahrung unser Leistungsbereich, also die Arbeit, die Konzentration, unser kognitives Verständnis. Sicherlich ist er auch die Ausdruckskraft unseres Egos und somit deutlich „in uns“ herrschend. Unser Körper ist wiederum optischer und gefühlter Ausdruck dessen und gleichzeitig Spiegel unserer Seele. Wir wohnen in unserem Körper. Unser Körper verrät, durch die körperliche, nonverbale Sprache, vieles, wenn nicht alles über uns. Ein Mensch der bucklig läuft hat sicherlich mehr zu tragen, als der, der stramm und gerade vor uns steht. Ein rotes Gesicht lässt auf viel (Blut-)Druck schließen, ein blasses, fahles Gesicht zeigt sich uns als energieloses Wesen.

Und da wäre noch unsere Seele. Der Kompass in unserem Leben. Ausdruck unseres Selbst (>ICH Selbst AG). Unsere Seele bestimmt unseren eigentlichen und eigenen Weg.

Stellen wir uns die drei Elemente Körper, Geist und Seele als 3 Säulen eines Tempels vor, können wir uns bildlich vergegenwärtigen, dass das Tempeldach nur in der waagerechten hält, wenn alle drei Säulen ausgeglichen und fast gleich hoch sind. Ist ein Bereich besonders ausgeprägt, ein anderer jedoch viel weniger, entsteht Ungleichgewicht, das Dach des Tempels beginnt zu rutschen – unsere Lebensbalance gerät ins wanken, wir werden unausgeglichen, unzufrieden, unglücklich und möglicherweise auch krank. Krankheiten werden durch unseren Körper körperlich, begeben sich sozusagen ins Licht der Offenbarung und fordern uns zum Handeln. „Beachte mich" ruft die Seele über den Körper, als Sprachrohr.

Dieter kam zu mir zu einem Informationsgespräch. Ein stattlicher trainierter, leistungsorientierter Mann Mitte 30. Erfolgreich im Geschäft, aber eigentlich unzufrieden mit seinem Leben. Dieter fühlt sich immer gehetzt und getrieben, nichts kann ihm gut genug sein. Auf die Frage, wie er sich um seinen Körper kümmert, verriet er mir, dass er sich ganz auf seinen Körper konzentrieren kann. Bei regelmäßigen Marathonläufen geht er gerne bis an die Grenze und freut sich über seine Erfolge.
Ich meine, hier liegt eine kleine Verwechslung vor. Aus dem Kontakt mit seinem Körper wird wieder das Thema Leistung abgeleitet. Der Erfolg steht im Vordergrund, nicht die eigentliche „Sprache des Körpers". Auf die Frage, ob es ihm auch Spaß machen würde, sich einmal während des Lauftrainings zu entscheiden, einfach nur noch langsam spazierenzugehen, erntete ich einen müde lächelnden Gesichtausdruck. Mein Ziel mit ihm war die temporäre, also zeitweise Entschleunigung seines Lebens, um ihn wieder in Kontakt mit sich selbst zu bringen.

Wir kamen überein, dass er das von mir vorgeschlagene „Wechsel-Laufspiel" einmal ausprobieren solle. Über die Ergebnisse sollte er mir berichten. Eine Woche später hatte ich einen etwas nachdenklicheren Dieter vor mir sitzen. Er schien erst einmal nicht wesentlich verändert, doch er stellte plötzlich neue Fragen an sich fest. Durch den „verordneten“ Spaziergang hat Dieter die Chance genutzt, bewusst zu sehen, zu hören, zu fühlen und ist in Kontakt mit sich und seiner Seele, seinem Selbst gekommen. Nun mag das für den einen oder anderen etwas ganz Normales sein, im Wald langsam zu laufen und zu philosophieren, für gestresste Menschen wie Dieter ist es eine neue Erfahrung: Stille.

Stille kann natürlich auch unangenehme Dinge zu Tage bringen. Alles was in uns ist, wird irgendwann auftauchen. Umso schöner, wenn wir es bewusst steuern können.

Mit den Dingen, die Dieter im Wald aufgefallen sind, mit den vielen Gefühlen der Freude, darunter vielleicht auch manche Wut, die jetzt erst wahrgenommene Einsamkeit, konnten wir gut weiter arbeiten. Die Bewusstwerdung ist unser erster Schritt zum wahren Selbst-Bewusstsein.

Deshalb lade ich dich jetzt auf eine Reise in deine Seele ein, um tatsächliche Standorte und Wünsche, die in deiner Seele „zuhause“ sind, ein Stück weit mehr in Augenschein zu nehmen: Ein Imaginationsspiel – und viel mehr.

Um mit unseren Seelen zu korrespondieren, können wir keine E-Mails senden oder einfach anrufen. Unsere Seele verrät uns Ihre „Wünsche“ nur in Bildern. Ähnlich wie in einem Traum tauchen Bilder einfach auf. Ob wir es nun wollen oder nicht. Wenn in dir gleich einige Bilder „aufrufen“, tun sie das ganz natürlich vor deinem inneren Auge. Es sind die Bilder unserer Seele – wir „bildern“, wie es in der Fachsprache heißt. Du musst nichts tun, du wirst diese Bilder einfach sehen, als würdest du nachdenken und dich einfach in Träumereien verlieren.

Danach wirst du viel mehr über dich und deine „Lebensideen" wissen.

Wenn du möchtest, lege eine Entspannungs-CD oder -Kassette ein und lasse uns einfach starten: Atme einmal tief durch.
Lasse nun einfach das Bild einer Wiese auftauchen.

Deine Wiese.
Wie sieht das Gras aus?
Welche Jahreszeit herrscht gerade?
Wo stehst du da gerade in der Wiese?
Und wie geht es dir hier?

Ein Fluss oder ein Bach.
Auf oder an dieser Wiese läuft ein Fluss oder ein Bach.
Wie sieht er aus?
Wie breit oder schmal, tief oder seicht ist er?
Ist das Wasser kalt oder eher warm?
Beschreibe ihn.
(Es gibt keine Regeln, kein richtige oder falsche Antworten)

Woher kommt der Fluss?
Wohin fließt er?

Der Berg.
Wenn du deinen Blick schweifen lässt, kannst du einen Berg entdecken.
Wo steht er?
Wie hoch oder flach ist er?

Mache dich jetzt auf den Weg – den Berg hinauf.
Wie schwer fällt dir der Aufstieg?
Wie ist der Weg beschaffen?

Jetzt das Plateau, die Hochebene, der Gipfel auf dem Berg?
Wie geht es dir hier oben?
Was kannst du sehen?
Was fühlst du gerade in diesem Moment?

Nun der Abstieg.
Fällt es dir leicht den Weg nach unten anzutreten?
Wie ist der Weg beschaffen?
Bist du gut wieder unten angekommen?

Der Wald.
In der Ferne kannst du nun einen Wald entdecken.
Gehe näher darauf zu.
Wie sieht er aus?
Welche Art von Wald ist es?
Ist er offen oder dicht?
Wie geht es dir mit dem Wald?

Der Weg.
Plötzlich entdeckst du einen Weg.
Wie sieht der Weg aus?
Ist er steinig oder eben?
Ist er eng oder weit?

Das Hindernis.
Und während du auf dem Weg läufst, stellt sich dir ein Hindernis entgegen.
Wie sieht es aus?
Was hält dich auf?
Wie groß oder klein ist es?
Und... kannst du es umgehen?
Fällt es dir leicht oder schwer, das Hindernis zu überwinden?

Die Vase.
Und nun taucht eine Vase vor dir auf. Auf dem Weg.

Wie sieht sie aus?
Wie groß oder klein ist sie?
Ist sie alt oder neu?
Wie geht es dir mit dieser Vase?

Der Schlüssel.
Neben der Vase entdeckst du jetzt einen Schlüssel.
Wie sieht er aus?
Groß, klein, alt oder neu?
Nimmst du ihn mit – oder lässt du ihn liegen?
Wie geht es dir mit dem Schlüssel?

Das Haus.
In der Ferne entdeckst du nun ein Haus.
Wie sieht es aus?
Wie groß oder klein ist es?
Aus welchem Material ist es gebaut?
Siehst du den Eingang?
Wie ist er beschaffen?
Gibt es eine Türe oder ein Tor? Offen oder geschlossen?
Einladend oder abweisend?
Was kannst du im Inneren als erstes entdecken?
Was berührt dich – und wie geht es dir gerade?

Die Räume im Haus.
Welche Räume kannst du erkennen?
Was ist es, was dir in dem Raum auffällt?
Gibt es ein besonderes Symbol in dem Raum?
Sind dort Menschen – oder bist du ganz alleine?
Welche Räume tauchen noch auf?
Lass dir Zeit!

Und komme dann ganz langsam wieder zurück.

Du hast dir ein, erst einmal geheimnisvolles, Seelenbild geschaffen.
10 Elemente, in einer Weise, die nur du so kennen kannst.
Absolut einmalig, wie dein Leben an sich und nur für dich charakteristisch!
Niemand sonst sieht, was du gesehen hast.
Schließe deine Augen noch einmal und betrachten das Bild vor deinem inneren Auge nochmals ganz in Ruhe. Vielleicht wie einen Film, der einfach abläuft...

Nun öffne die Augen und lese weiter.

Die Wiese ist dein derzeitiger Zustand.
Der Bach oder Fluss ist dein Lebensfluss.
Der Berg ist dein Anspruch an dich selbst und andere.
Der Wald ist dein Unterbewusstes.
Der Weg ist der Weg deines Lebens.
Das Hindernis zeigt deinen Umgang mit Blockaden.
Die Vase ist deine Herkunft.
Der Schlüssel dein Verhältnis zu Materiellem.
Das Haus ist deine Persönlichkeit.

Halt!

Was taucht jetzt auf? Was erscheint dir stimmig?
Was wundert dich vielleicht?
Du musst nicht nachdenken – fühle es einfach!
Lese jetzt nicht gleich weiter!

Auf den folgenden Seiten erfährst du die Deutung der einzelnen „Test-Bilder", die, psychologisch und mythologisch gestützt, Aufschluss über uns geben!

Um aus dem gesamten Fundus zu schöpfen, musst du deine eigenen Bilder fixieren.
Vielleicht malst du ein Gesamtbild.

Du benötigst keinen Psychologen, um dir deine Bilder zu erklären. Alle deine Bilder sind wie ein Traum, den du in den Tag hinüberrettest – nur du kannst die Bildsprache und deren Botschaft, die für dich darin enthalten ist, verstehen.

Nachfolgend möchte ich dir einige Angebote machen.
Ich zeige dir auf, was andere Teilnehmer und Klienten für sich gedeutet haben und die Sprache ihrer Seele aufgenommen haben. Sie lernten, wie sie sich ein Stück weit mehr hören – in sich hinein zu hören. Der zweite Schritt, seinen wahren Standort zu fühlen und zu bestimmen!

Die Wiese ist dein derzeitiger Zustand.

Bist du gerade fit oder eher energielos?
Deine Wiese zeigt es dir! Beachte bitte, dass alle Seelenbilder deinen derzeitigen Zustand beschreiben. Die Erfahrung mit vielen Teilnehmern zeigt, dass sich unsere Imaginationen sofort ändern, wenn wir unseren Weg verändern!

Doch zurück zu deiner Wiese.
Saftige Wiese in voller Kraft.
Viele Blumen – ein liebliches Lebensgefühl oder eher zu viele „Baustellen“?
Springst du ganz nervös von Blüte zu Blüte oder bist du eher ruhig?
Oder ist deine Wiese wie „abgebrannt“?
So hast du gerade etwas für dich Wichtiges verloren oder hergeben müssen?
Treiben viele Bäume – kündigt sich vielleicht Nachwuchs an?
Hast du einen dicken Baumstamm auf der Wiese – dein Vater oder deine Mutter?

Der Bach oder Fluss ist dein Lebensfluss.

Wie schnell bist du „unterwegs“? Ein reisender Fluss oder ein ruhiger Gebirgsfluss?
Ist er klar oder gerade sehr undurchsichtig?
Ist er warm oder kalt – wie steht es mit dir?
Kalt, eher eng und ängstlich oder warm und offen?
Siehst du die Quelle – wo „entspringen“ sie? Mächtig oder zurückhaltend?
Wo wird der Lauf möglicherweise hingehen?

Der Berg ist dein Anspruch an dich und andere.

Wie steht es mit deinen Ansprüchen?

Ist der Berg hoch – sind deine Ansprüche so hoch, dass du immer im Stress bist?
Ist der Berg ein kleiner Hügel und zeigt womöglich, dass du eher offen bist, was deine Ziele betrifft?
Der Weg nach oben fällt dir schwer? Machst du es dir zu schwer im Leben?
Der Weg nach unten verläuft steil und unwegsam? Bist du schwer von deinen Annahmen und Überzeugungen abzubringen?

Der Wald ist dein Unbewusstes.

Ist er dicht oder frei und offen? Hast du einen guten Zugang zu deinem Unbewussten?
Oder macht es dir Angst, weil der Wald dunkel und kalt ist?
Hast du Lust dich zu ergründen oder möchtest du den Wald erst gar nicht betreten?

Der Weg ist der Weg deines Lebens.

Wie verläuft dein Leben?
Ein steiniger Weg oder eher eine Rennstrecke?
Fühlst du dich getrieben, obwohl dein Weg ganz eben ist?
Vielleicht gehört es so in dein Leben und getrieben zu sein ist nicht das eigentliche Problem?
Ist dein Weg schmal und gewunden?
Liebst du Umwege oder willst du zukünftig schneller zum Punkt kommen?

Das Hindernis zeigt deinen Umgang mit Blockaden.

Wie groß sind deine Hürden im Leben?
Hier kannst du sehen, wie du wirklich damit umgehst.
Fällt es dir leicht, das Hindernis zu umgehen oder zu übersteigen?
Oder zögerst du, wächst dir die Blockade über den Kopf?
Wie ist es, wenn du es dir einfacher machen kannst?

Probiere einfach einmal, dein Hindernis weg zu schieben, beiseite zu legen.

Die Vase ist deine Herkunft.

Alt oder neu – das ist hier die Frage!
Was verrät dir diese Vase möglicherweise über deine Familie?
Groß und mächtig? Hinderlich oder erfrischend und stärkend?
Möchtest du sie am liebsten vergessen?
Dennoch liegt sie schwer und schicksalsträchtig vor dir?
Solltest du dich vielleicht doch noch einmal darum kümmern?
Einmal hinsehen – deinen Wurzeln nachgehen.

Der Schlüssel ist dein Verhältnis zu Materiellem.

Kannst du leicht auf deinen Schlüssel verzichten?
Wie ist dein Verhältnis zu Geld und Materiellem?
Benötigst du es zum Gang in dein Haus? Ein Bestandteil deiner Persönlichkeit?
Oder kommst du ganz gut ohne Schlüssel aus?

Denn das Haus ist deine Persönlichkeit.

Groß oder klein? Fühlst du dich mächtig oder eher zurückgezogen wohl?
Welches Material macht deine Persönlichkeit aus?
Geschmeidiges Holz oder klare Stahlfassade?
Raue Schale außen, liebliche weiche Gestaltung im Innen?
Offenherzige viele Fenster oder eher verschlossen und dunkel?
Geht es in der Küche heiß her? Dann bist du sexuell aktiv oder es fehlt dir möglicherweise etwas?
Wer oder was begegnet dir als Mensch oder Symbol?
Und in welchem Raum?
Was verrät wohl der einzelne Raum über deine Persönlichkeit?
Was hat dich am meisten beeindruckt? Wie deutest du es für dich?

Du siehst, es gibt mächtig viele Deutungsmöglichkeiten!
Die Richtige kannst nur du fühlen und sehen.
Es gibt dabei kein Falsch oder Richtig. Es ist so, wie es ist!

Maria, eine Kurs-Teilnehmerin, hat dabei festgestellt, dass sich so die ganze Welt ein Stück weit mehr erklären lässt, ja sogar erkennbar wird, dass eigentlich alles da ist, was jeder von uns zum Leben benötigt. Jeder hat seine Aufgabe. Es ist.

Dinge so sehen wie sie sind. Überprüfen, wie ich sie sehe.
Wie sie meine Seele für mich erkennen kann und wie es mir damit geht!
Das ist der wahre Weg – unser Weg – dein Weg.
Denn nur wir selbst sind die Helden in unserer Welt.
Und die Welt in der wir leben, ist für uns da.
Mit all dem Schönen und weniger Schönen. Es obliegt unserer Sichtweise und unserer Empfindung.
Werten wir schlecht oder gut, haben wir uns starr entschieden.
Sehen wir und erkennen, dass alles mit uns zu tun hat, werden wir weise.

So wie ich die Wiese, den Bach, den Berg, den Weg und alles andere sehe und für mich deute, kann ich auch meine Welt um mich deuten. Täglich, stündlich, minütlich. Alles hat mit mir zu tun, sonst könnte ich es in diesem Moment nicht erfahren.

Mein Seminarkollege Erhard Freitag hat einmal einen Satz geprägt, der mir noch heute in meinen Ohren schwingt:
Es ist so einfach, wenn Du es nur glauben könntest.
Auch an dieser Stelle untermauert ein einfacher Test, diese tief greifende Aussage:
Wenn du dir gerade vergegenwärtigst, wo du gerade bist. Wo du stehst. Wo du gerade sitzt.
Was erlebst du gerade? Die Welt ist für dich da – mit allen ihren Eindrücken – mit allen ihren Früchten!

Denn du bist der Held in deiner Welt!

Knapp 6 Milliarden andere Menschen auf diesem Planeten machen gerade in diesem Augenblick die gleiche Erfahrung – auf ihre ganz eigene Art und Weise. Bewusst oder unbewusst.

Wenn sich nun alle anderen Menschen auf diesem Planeten so für sich verantwortlich fühlten, wären wir ein großes Stück weiter – in Frieden!
Fangen wir doch beide gleich an.
Schön, dass du diese Zeilen liest. Danke dafür.

Woher komme ich eigentlich?

Ohne Wurzeln, keine Flügel
Bert Hellinger

Kennst du den Film „Zurück in die Zukunft“? Ist das nicht ein faszinierender Film? Michael J. Fox begeht eine Zeitreise in die Vergangenheit seiner Eltern. Dort wird er – wie in jedem spannenden Film - mit den unterschiedlichsten und natürlich unvorhergesehensten Aufgaben konfrontiert. Zentrum seiner Bemühungen in der eigenen vorgeburtlichen Vergangenheit, ist es, seine Eltern erneut als Paar zusammenzubringen. Gelingt dies nicht, wird er nicht geboren. Dies wäre ein fatales Missgeschick und trägt gleichzeitig die Spannung des Filmes, der, obwohl über 20 Jahre alt, nicht an philosophischer Qualität verliert.

Die Qualität der Idee liegt darin, dass wir in dem Film auf eine ganz phantasievolle Weise, damit konfrontiert werden, dass wir ohne unsere Eltern nicht hier wären. Wir hätten das Licht des Lebens nicht zu sehen bekommen. Was hier nahezu banal und für jeden ganz logisch klingt, hat für unser Mensch- sein doch weit reichende Konsequenzen.

Klaus kam zu mir an einem Informationsabend und vermittelte zunächst einen sichtlich zufriedenen Eindruck in der Runde. Es ging an diesem Abend um die Kraft der Weiblichkeit bei Frauen und die Kraft der Männlichkeit bei Männern. Klaus war sehr froh, berichten zu können, dass er seine Eltern seit knapp 5 Jahren nicht gesehen hat und der Kontakt so weit abgerissen sei, dass er nicht einmal mehr wisse, ob sie noch am Leben sind.

Einige Teilnehmer fanden das entsetzlich traurig und versuchten Klaus zu ermutigen, Kontakt aufzunehmen. Zunächst einmal erfolglos.

Wir machten eine Übung, die du gerne an dieser Stelle mit vollziehen kannst.

Übung:

Schließe die Augen und stell dir deine Eltern vor. Nebeneinander. Egal ob sie noch auf unserer Erde sind, oder dieser Erde schon entschwunden sind. Sie blicken dich an. Stell es dir so vor, als würdest du vor Ihnen stehen. Und nun sieh sie dir an, wie sie dich ansehen! Wie blicken Sie?

Und jetzt sage laut oder im Geiste: „Ich danke euch für meine Geburt! Ich danke euch, dass ich durch euch auf diese Welt kommen durfte!" Und jetzt beobachte, was sich verändert! Wie ändert sich der Gesichtsausdruck deiner Eltern, deiner Mutter, deines Vaters? Was möchten sie dir möglicherweise sagen?

Lass es bitte wirken. Beobachte, was sich noch bei dir ereignet! Was tut sich bei dir, in dir? Welche Gefühle steigen in deinem Körper auf? Lass nicht nach zu forschen, welche Gefühle und Regungen jetzt bei dir auftauchen!

Wenn du möchtest, kannst du Ihnen auch vor deinem inneren Auge sagen, „Egal was war, euch zu Ehren, mache ich etwas Gutes aus meinem Leben – seht freundlich, wenn ich meine Leben so lebe, wie ich es möchte! Auch dafür Danke ich euch!".

Was passiert nun? Wie verändert sich das Gesicht von Mutter oder von Vater? Vielleicht möchten sie etwas sagen – dir etwas mitgeben?
Wie fühlst du dich?
Kannst du die Kraft spüren?
Es ist ein ganz besondere Kraft – die Kraft deiner Wurzeln, deiner Herkunft.

Klaus öffnete die Augen und man sah, dass er weinte. Er hatte sich seine Eltern seit Jahren nicht mehr vorstellen können und nun sah er sie jung, er war klein und da irgendwo weit zurück in der Vergangenheit war die Welt noch in Ordnung. Irgendwo im Gestern hatte er jetzt gerade Kraft getankt, zu einem Zeitpunkt wo alles, wo sein Leben für ihn noch ein Spiel war. „Das Leben ist doch ein Spiel – auch heute noch..." warf eine weitere Teilnehmerin in den Raum.

Und wahrscheinlich ist es so. Denn wir alle leben in unserem Leben im Fluss unserer Energie. Unsere Herkunft ist eben ein Teil unserer Energie, sagen wir einmal die Quelle der eigenen Ursprungsenergie. Es ist die Idee, mit der wir an den Start unseres eigenen Lebensspieles gehen. Und egal wie sie ist, ob aus unserer heutigen wertenden Sicht gut oder schlecht, sie ist so und ist auch nicht mehr veränderbar. So und nicht anders starten wir, startet Klaus und startest du in dein Leben. Das Gestern können wir nicht ändern. Wir können die heute nutzbare Energie für uns nutzen. Die scheinbar negative Energie sollten wir wahrnehmen und möglicherweise auch im besten Falle anerkennen, dass sie da ist. Denn sie ist auch ein Teil von uns. Wie ein Fuß, ein Kopf, ein Arm. Wir können sie nicht einfach abschütteln und uns darüber freuen, dass wir keinen für uns negativen Kontakt mehr (z.B. zu den Eltern) pflegen, wie Klaus. Die Energie, die Verbindung ist immer in uns. Ähnlich unserer Gliedmaßen. Oder hast du schon einmal jemanden gesehen, der einen gesunden Arm hat und sagt „ich lege keinen Wert auf ihn", „ich denke nicht daran, dann ist er auch nicht da"? Und selbst bei Menschen, die Arm oder Bein verloren haben, sprechen wir von Phantomschmerzen, also Schmerzen, die der Mensch im Bein spüren kann, auch wenn er kein Bein mehr hat!

Klaus war verstört, fühlte auf der einen Seite Kraft, aber auch auf der anderen Seite konnte er sich den Abstand zu seinen Eltern gut vorstellen – im Kopf. Alles benötigt eben Zeit.

Wenn du die Übung beendet hast, dir Zeit für die weitere Entdeckung genommen und Notizen gemacht hast, vielleicht auch etwas Zweifel hegst, lass dich zu einem anderen Betrachtungswinkel deiner Familie entführen.

Denn wie alles im Leben gibt es immer zwei Seiten einer Medaille! Es ist das natürliche Gesetz der Polarität in unserem Leben – die Einteilung in zwei Teile, die uns neben dem einen auch das andere einer Sache erkennen lassen!

Alles hat etwas Nützliches in unserem Leben, auch wenn wir es manchmal nur schwer verstehen können. Ich muss es für mich nutzbar machen. Auch wenn uns etwas in unserer Kindheit gefehlt hat, heißt es nicht, dass wir deshalb heute immer noch so reagieren müssten, als würde es uns immer noch fehlen. Es liegt an uns, einen für uns passenden „Ausgleich" zu schaffen.

Wenn ich ein Scheidungskind bin, heißt das nicht, dass ich mich ein Leben lang auf meiner möglichen Beziehungsunfähigkeit „ausruhen" sollte, weil ich das Gefühl des Verlassens von mir wenden möchte. Es ist vielmehr eine Aufgabe, daran zu wachsen. Zu erkennen, dass ich vielleicht ein Defizit zum Thema „Fallenlassen", „Einlassen" und „Hingabe" habe. Ein Partner kann mir dabei helfen, wenn ich ihm Klarheit über mich verschaffe und ihm die Chance gebe mich so zu sehen, wie ich wirklich bin. Offenheit schafft Vertrauen und Vertrauen ist der erste Schritt des Einlassens.

Renate trat sehr männlich in unserem Kurs auf. Sie kam mit einem Kleintransporter, hatte eine außergewöhnlich gut durchtrainierte Figur, kurze Haare, energisches Kinn, sie war Sportlehrerin. Sie besuchte den Kurs, um herauszufinden, warum ihre Beziehungen immer wieder scheiterten. Sie war sich darüber klar, dass sie sich vorwiegend in Männer verliebte, die eigentlich nicht zu haben waren – sie waren alle verheiratet oder in einer Beziehung, die sie nicht für Renate aufgeben wollten. Ihr Schmerz und ihre Verzweiflung waren groß. Sie erkannte, dass alle Beziehungen immer sehr ähnlich abliefen. Sie blieb alleine zurück und wurde immer trauriger. Wir hatten, wie in jedem ersten Teil des Kurses, Ihre Wurzeln betrachtet. Also das Familienbild und die Verbindungen, die auch heute auftauchen. Es zeigte sich, dass Ihr Vater, den sie sehr bewunderte, die

Familie bald verlassen hatte, sich aber intensiv um Renate kümmerte. Renates Vater wurde ihr immer mehr zum Vorbild. Die Mutter hingegen, empfand sie als Versagerin, weil sie nicht einmal den eigenen Ehemann hatte „halten" können.
Was sehen wir daraus? Zum einen ist der Vater ein so großes Vorbild, dass sich jeder zukünftige Mann daran messen lassen muss. Das wird ihm schwer fallen, weil er erstens nicht der Vater ist und diese väterliche Rolle somit nicht leisten kann und auch nicht soll. Zum anderen bleibt der Vater als Partner immer unerreichbar. Somit hat sich Renate bereits tief im Unterbewusstsein „gegen" eine wirklich partnerschaftliche Liebe entschieden. Und ferner hält Renate nicht viel von ihrer Mutter, was möglicherweise dazu führt, das sie ihre eigene Weiblichkeit, die jede Tochter in der Regel von der Mutter kennen lernt, nicht lebt. Deshalb erscheint sie jedem Mann als erstes einmal äußerst maskulin. Dies wiederum impliziert jedem potenziellen Liebespartner, diese Renate ist so kraftvoll, so stark, der kann ich einiges zumuten!

Wir sehen, kleine Ursache große Wirkung. Was sich erst einmal als die ganz normale Geschichte einer geschiedenen Ehe zeigt, hat für das Kind weit reichende Folgen. Bildlich gesehen, sind unsere Beziehungen und Kontakte im Leben wie unsere allererste Verbindung im Leben: die Nabelschnur. Würden sich alle Verbindungen und Kontakte im Leben als Gummibänder zeigen, könnten wir uns alle gar nicht mehr sehen, so stark würden uns die Gummibänder einbinden. Nur du selbst kannst sie sehen, weil du sie fühlen kannst. Möchtest du sie nicht fühlen, geht dir eine wichtige Information verloren, mit der Du dein Leben leben und selbstverständlich verändern kannst. Denn nur du bist der Held in deiner Welt. Auch Renate ist der Held in ihrer Welt. Denn erst wenn Renate fühlt, warum sie die vermeintlich falschen Männer anzieht (Falsche Partner gibt es natürlich nicht! Es sind immer die richtigen, die uns zeigen, wo es lang geht! Wie bei Renate!), ihre Verbindungen sieht, annimmt und ihr klar wird, wird sie in Resonanz mit anderen Männern treten. Nimmt Renate ihre Mutter als Mutter und lebt beispielsweise mehr in ihrer natürlichen Weiblichkeit, ist sie möglicherweise plötzlich für ganz andere Männer interessant, die vielleicht eine Familie gründen wollen und Renate als starke Mutter sehen und dauerhaft lieben werden.

Vielleicht fragst du dich ja auch manchmal, woher du selbst die ganze Lebens-Kraft nimmst? Was verschafft mir die oft unendlich scheinende Kraft-Reserve, „wenn ich meine es geht nicht mehr, geht es doch...“? Eine der vier Kraftsäulen Körper, Seele und Geist ist eben deine Herkunft. Ähnlich den Wurzeln eines Baumes, nährt dich die Kraft aus dem „Boden“ vergleichbar mit einem Sockel aus dem Familien-Stammbaum!

Diese Kraft begegnet dir immer. Entweder du bist aus Stolz auf deine Wurzeln aktiv oder du wendest möglicherweise aus Widerstand alle Energie auf, um nichts mehr damit zu tun zu haben! Es ist deine Entscheidung, ob du mit der Energie gehst – annimmst was ist – oder gegen den Strom paddelst und nichts mehr damit zu tun haben möchtest! Du bist der Held in deiner Welt! Du entscheidest! Du trägst deine Verantwortung.

Übung:

Lass uns gleich eine weitere Übung machen!
Sorge für Ruhe. Sorge dafür, dass du in der kommenden halben Stunde nicht gestört wirst. Suche einen Ort aus, den du üblicherweise aufsuchst, wenn du Entspannung und Ruhe möchtest! Der Ort kann in deiner Wohnung sein, genauso, wie außerhalb, im Wald oder auf der Wiese! Wenn du zuhause bist, kannst du die Übung noch mit einer sanften Entspannungsmusik unterstützen.

Stell dich auf einen Punkt, lasse die Arme hängen, deine Füße nebeneinander. Stell dir nun vor, du wärst ein Baum. Male dir die Landschaft um dich aus. Welche Jahreszeit, wo steht der Baum, was macht ihn aus, ist er alt, ist er jung, stark oder schwach. Lass dir Zeit.

Wenn einige Minuten vergangen sind, wirst du beginnen, an deinen Füssen „Wurzeln" zu spüren. Du kannst sie wachsen fühlen. Lass dir auch hier wieder Zeit. Es ist ein Erlebnis.

Wie fest stehst du?
Kannst du deine Wurzeln spüren?
Sind sie flach oder gehen sie tief in den Boden?
Wie stark ist dein Stamm?
Fließt deine Energie durch den Stamm nach oben in die Krone?
Spüre die Kraft wie sie in die Arme steigt, wie sich deine Äste, deine Arme im Wind bewegen... lass dich treiben, vielleicht möchtest du dich rhythmisch bewegen, tanzen...

Wenn du für dich genügend Zeit in Anspruch genommen hast, beginne, dich weiter zu entfalten, blühe weit auf.

Was verändert sich? Was bewegt dich? Was möchtest du gerne tun? Beobachte dich auch hier genau. Was verändert sich. Was ist jetzt neu?
Was wächst? Wie wächst es? Was verändert sich weiter?
Lass dir Zeit, die Übung in Ruhe zu genießen. Nimm dir anschließend ein Blatt Papier und male deinen Baum auf. Entdecke, was dir nach der Zeichnung alles auffällt. Was beeindruckt dich und was kannst du daraus für dich schließen? Ähnlich unserer ersten Übung kannst du wieder in so genannte Analogien denken und fühlen: Welche Bedeutung haben für dich kurze Wurzeln oder sind sie gar nicht zu sehen? Ist die Baumkrone bunt oder ehe einfarbig, ist die Krone fertig ausgewachsen oder bist du noch mitten im Wachstum?

Susanne eine außerordentliche – sehr kraftvolle – Persönlichkeit mit enormer, fast übertriebener Power, die in ihrem beruflichen Lebensweg ein wenig die Orientierung verloren hatte, nahm an einem meiner Frühjahrskurse teil. Sie hatte mit der Enttäuschung zu kämpfen, dass ihr Baum zwar gigantisch kräftig war, aber die Wurzeln kaum sichtbar. Auf meine Nachfrage hin zeigte sich, dass ihre Eltern aus ihrer ursprünglichen Heimat Rumänien vertrieben worden waren. Susanne hatte ihren Geburtsort nie selber gesehen und durch den frühen Tod der Eltern war ein „Nacharbeiten" schwer möglich.

Dennoch zeigte „ihr Baum" die Notwendigkeit und die Sehnsucht, die eigenen Wurzeln zu kennen. Ich riet ihr, sich um Ihre Herkunft zu bemühen. Eine Reise in die Vergangenheit anzutreten und ihre Wurzeln zu suchen. Sie machte daraufhin Urlaub in ihrer Ursprungsheimat, ging an Orte, die sie aus alten Bildern kannte. Hörte die Sprache, lernte Land und Leute auf neue Art und Weise kennen.

Ein Jahr nach dem Kurs erfuhr ich von Ihr, dass sie damals wirklich „nach Hause gereist" ist, und viele interessante Erlebnisse hatte. Ihr Beruf hatte sich zur Berufung verändert. Der eigentliche Grund des Kursbesuches – die neue berufliche Orientierung – hatte sich dadurch fast spielerisch als Begleiterscheinung gelöst. Susanne hat nun ihre wahre Heimat gefunden, lebt weiter in Berlin, muss aber nun nicht mehr ganz so kämpferisch „powerful" und mächtig auftreten. Sie genießt ihr Leben als ihr eigener Held!

Prinzip der Religio

Der Begriff Religio kommt aus dem Lateinischen und heißt „Rückschau“, „Rückbesinnung“. Also zurück zu unserer Herkunft, Rückblick zu unserer wahren Heimat, zu unserem Sein, zu unserer Bestimmung. In Folge dessen entstand so das Wort Religion, im übertragenen Sinne als die Lehre des Rückblicks, die Sicht zu deiner und zu unser aller Herkunft.

Wie geht es dir mit deiner Herkunft, mit deiner Heimat?
Achte darauf, was bei diesem Begriff auftaucht! Welche Bilder erscheinen? Welche Gefühle tauchen auf? Wie geht es dir damit?

Heimat ist dort, wo wir wirklich herkommen. Heimat ist.
Heimat kann man nicht wegdenken oder verändern. Ähnlich geht es uns Menschen mit unseren Eltern, mit unserer Stammesherkunft. Sie ist. Unsere Herkunft können wir verleugnen (als gute Schauspieler), aber wir können sie nicht ausradieren.
Wir leben damit. Egal wie gut oder schlecht sie existiert, wir können die Augenblicke, bis zu unserem jetzigen Leben nicht wegdenken.
Mehr noch, wie wir gesehen haben, beeinflusst uns unsere Herkunft mehr, als uns manchmal recht ist!

Denn sie hat uns geprägt. Nicht nur astrologisch, mit einer ganz bestimmten Energie, die am Sternenhimmel schwingt, wenn wir das Licht dieser Erde erblicken, sondern auch durch Schwingungen, die von unseren Eltern ausgehen!

Was heißt in diesem Zusammenhang Schwingung? Wir befinden uns in einem System aus dem wir nicht heraus können. Wir alle leben in Systemen, seit Jahren, seit Tagen, seit Stunden, seit Minuten! Ein System ist das Zusammenspiel zweier oder mehrerer Beteiligter. Firma, Abteilung, Familie, Freunde, Mann oder Freund, Frau oder Freundin. Es ist dynamisch und verändert sich laufend.

Das einfachste Beispiel für ein geschlossenes System ist ein Computer. Er besteht aus vielen Systemkomponenten, die zur Folge haben, dass der Computer eben dies oder das erledigt. Wenn ich diese Zeilen schreibe, dann ist es für mich selbstverständlich, dass ich jetzt gerade diesen nächsten Buchstaben eintippe.
Stellen wir uns nun einmal gedanklich vor, ich ziehe den Netzstecker, öffne den Computer, nehme ein Teil aus seinem „Rücken", verschließe den Computer wieder und starte erneut. Jetzt sollte ich mich nicht wundern, wenn irgendetwas nicht mehr funktioniert. Und das wird auch so bleiben. Denn der Computer wird nichts unternehmen, aus eigenem Antrieb etwas dafür zu tun.
Ganz anders in unserem Familiensystem. Nimmt man hier beispielsweise einen Teil aus dem System, durch Tod, durch Veränderung, durch Krankheit, Trennung, Trauer, oder fügt neue hinzu wie eine neue Liebe, neue Partnerschaften, Nachwuchs und so weiter, verändert sich immer etwas im System.

Stelle dir zum Beispiel vor, wir beide bilden jetzt auch ein System. Du als Leser und ich als Schreiber. Jetzt in diesem Augenblick betritt eine Person, den Ort an dem du gerade liest! Das System erweitert sich um eine Person. Die Energie verändert sich. Möglicherweise fühlst du dich jetzt gestört. Vielleicht bist du auch erfreut, dass du der neu hinzu gekommenen Person etwas über dieses Buch, den heutigen Tag oder was auch immer erzählen möchtest!

Energie wird freigesetzt und zwar sofort und aller Wahrscheinlichkeit bewusst! Wie verhält sich dies nun mit der Energie in der Familie? Energie ist selbstverständlich auch hier zugegen und sie hält sich über Jahre, von dem Tag an, an dem du das Licht der Welt erblickt hast. Du bist ein Teil davon und im Rahmen deines„Teiles" kannst du diese Energie beeinflussen!

Die Annahme ist weiterhin groß, nicht zuletzt seit der Zeit der Systemischen Familien-Aufstellungen nach Bert Hellinger, dass sich viele Verstrickungen in unserem Familiensystem mit einer üblichen

therapeutischen Arbeit erst einmal nicht klären lassen. Denn Verstrickungen sind Unwägbarkeiten, die sich oft nicht erkennen lassen, die uns erst einmal als blinde Flecken erscheinen. So seltsam dies zuerst klingen mag, wir Menschen sind oft zu Dingen im Stande, die aus einer „unsichtbaren“ Verpflichtung gerade gegenüber unseren Eltern passieren. Aus Liebe. Es sind die unsichtbaren „Gummibänder“, die bei Menschen, die wir lieben von außergewöhnlicher Stärke sind.
Denn man hat – wie bereits mehrfach erwähnt - festgestellt, dass wir unseren Eltern für etwas, was uns widerfahren ist, in ganz besonderer Art und Weise danken. Sie haben uns etwas gegeben, dass wir ihnen nicht wieder geben können: unsere eigene Geburt. Durch unsere Eltern haben wir das Licht der Welt erblickt.
Dies sollten wir Ihnen danken! Aber in offener, bewusster Art und Weise.

Bei allen Schicksalsschlägen, die uns mittelbar oder unmittelbar durch unsere Eltern zugeführt worden sind, die wir möglicherweise schwer oder gar überhaupt nicht verzeihen möchten, gilt es wenigstens dafür zu danken. NEIN?

Und du tust es doch! Möglicherweise bemerkst du es nur nicht. Und genau daraus resultieren Verstrickungen die entwickelt werden können. Mehr noch. Diese Verstrickungen müssen entwickelt werden, um dir einen Ballast aus deinem „Rucksack“ zu nehmen, der dir die Reise auf Deinem Weg zum unbeschwerteren Leben unnötig beschwert!
Ein Weg zu Zufriedenheit und Glück lautet deshalb Dankbarkeit.

Wenn du deinen Eltern in vielen Dingen nicht „vergeben“ möchtest, dann bedanke dich bei ihnen für das eine, für das größte Geschenk auf Erden: deine Geburt, dein Hier -sein auf Erden. Du könntest diese Zeilen sonst nicht lesen. Und ich hätte sie nie geschrieben.

Übung:

Wenn du die unsichtbaren Familien-Verbindungen in deinem Leben entdecken möchtest nimm dir drei Blatt Papier, und einen Stift. Auf das eine Papier schreib deinen Namen, auf das nächste Papier VATER und auf das nächste Papier MUTTER.

Schließe Deine Augen und stelle dir wieder deine Eltern vor.
Erst deinen Vater.
Wo steht er?
Wie steht er in diesem inneren Bild?
Jetzt deine Mutter.
Wo steht sie?
Wie steht sie in diesem inneren Bild?
Wie stehen sie zueinander?
Wer ist größer oder kleiner?
In welchem Verhältnis stehen sie zueinander?
Blicken sie sich an?
Schauen sie weg?

Und jetzt du.
Wo stehst du in diesem Bild?
Bist du groß oder klein?
Sehen sie dich an?
Wie geht es dir damit?

Wenn du all das weißt, öffne deine Augen, nimm dir Platz im Raum und lege die beschriebenen Zettel ebenso exakt hin, wie du das Bild vor deinem Inneren Auge gesehen hast.

Jetzt betrete Blatt für Blatt, lass dir Zeit.
Du wirst eine wundersame Erfahrung machen.
Du kannst dich in die Positionen von Mutter und Vater hineinfühlen und dadurch die unsichtbaren magischen Verbindungen („Gummibänder“) fühlen.

Wenn du auf dem Blatt deines Vaters stehst frage dich:
Wie steht er da?
Wo blickt er hin?
Wie ist das Verhältnis zu deiner Mutter, zu dir?
Wie geht es ihm?
Ist er stark oder schwach?
Froh oder gedrückt?
Kurz, was fühlt er an dieser Position.

Wenn du alles das fühlst, verlasse das Papier, die Position deines Vaters und betrete die Position deiner Mutter. Stelle dir die gleichen Fragen und finde mehr über deine Mutter und deren Energie heraus. Was kannst du erfahren und lernen?

Und nun deine Position.
Was hat sich plötzlich verändert, wo du die Gefühle von Mutter und Vater kennen gelernt hast?
Was kannst du verstehen?
Was geht dir ans Herz?
Und das wichtigste – was kannst du aus dieser Übung mitnehmen?
Was beeindruckt dich und wie wirst du nun mit dieser Erkenntnis umgehen?

Eine Empfehlung.
Schreibe einen Brief an Mutter oder Vater, oder an beide.
Schreibe deine Gefühle von der Seele aus dem Herzen.
Du entscheidest, ob du den Brief tatsächlich absendest!

In jedem Falle erfährst du mehr über die Gefühle des Helden in dir!

Wenn Du das gerade gelesene Kapitel mit einer persönlichen Erfahrung vertiefen möchtest, nutze das komplette Legespiel, wie zu Beginn des Buches in einzelnen Schritten beschrieben. Du erhältst damit einen neuen Blickwinkel auf dem Weg zur Lösung deines Problems.

Die Karte, die Repräsentant für dieses Kapitel ist, heißt:
DIE RÜCKBESINNUNG
Die Frage, die bei dieser gelegten Karte auftaucht ist:
„Woher kommt das Problem?“
„An was in meiner Vergangenheit erinnert es mich?“
„Wie habe ich es damals gelöst?“

Wichtig! Die Erfahrung mit dieser Karte kannst du nicht einzeln, sondern immer nur mit der ausgelegten Karte im Legesystem machen.

Prinzip der Blockade

Von der Stimme in uns.

Ein Manager hat mich einmal bei einem Vortrag gefragt, wie er sich denn die vielen Regungen und Gefühle in sich vorstellen kann, die ihn immer begleiten? Immerhin denkt der Mensch im Durchschnitt bis zu 50.000 Gedanken pro Tag. 98 %, das weiß die Wissenschaft, sind dabei ganz auf uns selbst bezogen und nur 2 % kümmern sich tatsächlich um das, was um uns im Außen passiert!

Ich versuchte einen einfachen Vergleich anzustellen, aus dem letztlich dann auch eine Kurs-Idee erwuchs: Wir alle sind unsere eigene ICHselbstAG! Wir alle sind der Held in unserer ICHselbstAG! Im Leben gelenkt durch unser Ego, dem ICH, immer wieder angeregt durch unser SELBST, also dem was wir wirklich wollen, besitzen wir viele innere Mitarbeiter – ich sprach auch schon von Orchestermitgliedern – unserer eigenen AG. AG als die Arbeitsgemeinschaft oder die Aktiengesellschaft in uns, die uns ständig „auf Trab" hält.

C.G. Jung, Tiefenpsychologe und zu Beginn seines Schaffens Schüler Sigmund Freuds, gab dem unbekanntem Unbewussten Namen, wie das „Innere Kind", die „Innere Frau", der „Innere Mann". Innere Personen, die uns berühren. Mehr noch Befindlichkeiten, die unsere Regungen bestimmen. Es gibt viele Stimmen in uns, die uns in Bewegung (Resonanz!) bringen oder eben nicht. Sie beeinflussen unser Verhalten, weil unsere Werte zu Haltungen geworden sind. Weil unser Verhalten daraufhin, von der Konsequenz gesteuert wird – im Klartext ich werde mir meistens vorher bewusst, was mir im Anschluss an meine Aktion passieren könnte und dies wiederum beeinflusst in Folge meinen ganzen Aktionsradius, von wagemutig bis depressiv in mich gekehrt.

Kurz, meine Gefühlswelt ist ein permanenter Abgleich mit Vergangenheit, Gegenwart und möglicher Zukunft und deren Annahmen, Vorurteilen, Befürchtungen, die sich daraus für mich ergeben. Kein

Großcomputer der Erde könnte diese laufend anfallenden Datenmengen so perfekt verarbeiten, wie ein Mensch.
Mit einem Unterschied, ein Computer entscheidet immer stringent identisch. Ein Mensch immer subjektiv, je nach Gefühlslage beeinflusst.
Durch diese „Art der Arbeitsweise“ werden nicht nur Entscheidungen und Lebenswege unterschiedlich angegangen, auch Probleme erhalten unterschiedliche Gewichtung.
Alles erst einmal ganz subjektiv. In meinen Kursen wundern sich viele Teilnehmer immer wieder darüber, wie schwer es sich manch anderer Mensch mit einem Problem macht, das man selbst längst für gelöst hält. Umgekehrt wissen andere gerne Ratschläge für eigene scheinbar unüberwindbare Hindernisse.

So unterschiedlich die Betrachtungsweise, so unterschiedlich die eigene Welt.
So hat auch jedes Problem ganz eigene Hintergründe, die durch unsere inneren Personen meiner eigenen ICHselbstAG beeinflusst werden.

Ein Philosoph hat einmal behauptet, Probleme seien nur Lösungen, die auf dem Kopf stehen. Probleme entstehen in unserem Leben, weil für die Lösung nicht offen sind, wir können sie gewissermaßen noch nicht sehen. Probleme sind folglich mehr oder weniger klare Hinweise zu unseren Lernaufgaben. Lernaufgaben sollen etwas in uns verändern. Sollen uns ein Stück weiter bringen. Erkenne ich diese Aufgabe nicht, werden die Probleme wieder auftreten. Dieser Rhythmus wird sich wiederholen. So lange, bis ich etwas ändere oder mich anpasse. Passe ich mich aber nur an, wird sich unser Leben danach ausrichten, es gestaltet sich als angepasstes Leben und wird nicht meiner natürlichen Kraft und Entfaltung als Individuum gerecht. Die Folge ist Mangel an Selbst-Bewusst-sein, das mich langfristig eher zur „Marionette“ anderer macht, als mich in ein selbst erfülltes Agieren bringt.
Eigene Probleme sind also wirklich Chancen.

Denn ich bin der Held in meiner Welt!
Und diese Welt hat auch ihre Probleme.
Und nur ich selbst kann meine eigenen Probleme lösen!

Wie kann ich die Aufgabe dahinter erkennen?

Problem und innere Personen haben also etwas gemeinsam. Sie sind mein!
Meist haben sie einen tieferen Ursprung, einen Ausgangspunkt in meinem Leben.
Gehe ich den Problemen auf den Grund, ändert sich die Betrachtungsweise und somit das Problem an sich. Wenn ich mir folgende Fragen stelle, kann ich meiner Problemstruktur auf den Grund folgen.

Übung:
Schildere dein Problem.
Schreibe es auf, skizziere oder male.
Wer hat damit zu tun? Mit wem stehst du in diesem Fall in Beziehung?
Was ist es ganz genau? Was berührt dich daran gerade so?
Welches Gefühl kommt auf? Wut? Ärger? Zweifel? Ungeduld?
Wenn du dies für dich geklärt hast, kannst du dir die jetzt kardinalen Fragen stellen.
Lass dir dazu bitte Zeit.
Jede Frage hat es verdient, gut durchdacht und durchfühlt zu werden!

1) Welches Bedürfnis steht hinter dem Problem?
2) Woher kennst du dieses Bedürfnis?
3) Wie kannst du dieses Bedürfnis stillen?
4) Wenn du dieses Bedürfnis gestillt hast, was ändert sich dann an deinem Problem?

Wenn du möchtest, schließe die Augen und entdecke, was sich verändert, wenn du das Problem mit diesen Fragen beleuchtest. Was wird sich verändern?

Übung Traumreise „Goldener Käfig“:
Eine weitere Übung kann dich an den Ursprung deines Problems begleiten.
Lege wieder eine Entspannungsmusik auf, mache es dir bequem und verfolge diese kurze Traumreise, indem du sie zuerst durchliest, dann die Augen schließt und entdeckst, was auftaucht.

Geh an der Energie deines Atems entlang,
hin zu einem Platz, der dir gut gefällt, an dem du dich wohl fühlst.
Wo bist du da? Sieh dich um – wie geht es dir?

Plötzlich passiert ein Wunder.
Denn wie durch ein Wunder wächst über diesem Ort, ein Käfig aus einem Material, das dich einschränkt, dich behindert und nicht frei sein lässt.
Der Käfig wird immer vollständiger und umgibt dich und deinen Platz an dem du gerade bist.
Aus welchem Material ist er.
Das Material kann aus allem sein, das du dir vorstellen kannst.
Alles was dich einschränkt.
Ob Materie oder Gefühl, eine Sache, wie Geld oder eine Sehnsucht, wie Freiheit...

Kannst diesen Käfig mit deinen Händen berühren?
Kannst du ihn fühlen?
Wie fühlt er sich an? Wie geht es dir und wie fühlst du dich?

Und während du diesen Käfig mit deinen Händen berührst, ihn vielleicht abtastest, kannst du wie durch ein Wunder eine Öffnung, eine Türe oder ein Tor entdecken.
Wo befindet sich die Öffnung? Wie groß oder klein ist diese Türe?

Aus welchem Material ist sie? Und wie geht es Dir, wenn du diese Türe entdeckst? Diese Tür führt in die Freiheit, sie ist ein Weg hinaus aus dem Käfig. Sieh dir diesen Ausgang genau an. Geh dorthin und berühre mit deiner Hand ganz langsam und in deinem Tempo diese Öffnung.
Öffne sie in deinem Tempo.

Vielleicht möchtest du jetzt erst ganz vorsichtig hinaussehen. Was kannst Du erkennen, wenn du hinaus blickst und wie geht es dir dabei? Kannst du einen Schritt nach außen in die Freiheit machen und entdecken, wie es da draußen aussieht, ohne deinen Käfig?
Du kannst ganz jetzt langsam hinausgehen und den Käfig von außen betrachten. Du hast es in der Hand, einzig und allein du kannst aus deinem Käfig hinausgehen. Sieh ihn dir an, wie sieht er von außen aus, was verändert sich. Ist er größer oder kleiner geworden? Wie sieht es hier draußen aus?

Und wie durch ein Wunder wachsen dir Flügel und du kannst fliegen wie ein Adler. Mach dich auf den Weg und flieg los. Du kannst den Käfig von oben sehen. Flieg umher und sieh dir den Käfig an und spüre wie es ist, den Käfig abzuschütteln. Du hast die Kraft, spüre die Kraft, die in deinen Schwingen liegt. Du bist frei! Spüre die Kraft, frei zu sein und zu fliegen. Entdecke wie es ist, frei zu sein und wie es ist, alles hinter dir zu lassen, was dich eingeschränkt hat. Fliege so weit du kannst und lass alles hinter dir.
Spüre die Kraft, wie es ist etwas loszulassen. Du bist frei! Und du hast es in der Hand!

Lass dir Zeit alle diese Bilder zu entdecken.
Komme in Deinem Tempo wieder zurück in das Hier und Jetzt.
Wenn Du möchtest, kannst Du den Käfig aufmalen.

Und nun kannst du hinterfragen:
Was ist es, was dich einschränkt?
Was gibt dir die Kraft, die dir Flügel verleiht?

Was ist das, was gibt dir die Kraft?

Was fehlt dir, um diese Kraft zu erhalten?

Wenn Du das gerade gelesene Kapitel mit einer persönlichen Erfahrung vertiefen möchtest, nutze das komplette Legespiel, wie zu Beginn des Buches in einzelnen Schritten beschrieben. Du erhältst damit einen neuen Blickwinkel auf dem Weg zur Lösung deines Problems.

Die Karte, die Repräsentant für dieses Kapitel ist, heißt:
DIE BLOCKADE
Die Frage, die bei dieser gelegten Karte auftaucht ist:
„Was hindert mich an einer Lösung?"
„Was blockiert mich eigentlich wirklich?"

Wichtig! Die Erfahrung mit dieser Karte kannst du nicht einzeln, sondern immer nur mit der ausgelegten Karte im Legesystem machen.

Vertrauen kommt vor Selbst-Vertrauen

Die Komfortzone verlassen.

„In der Kindheit gibt es einen Moment, wo die Tür aufgeht und die Zukunft eintritt"
Graham Greene

Wie so oft bilden sich – wir haben es schon angesprochen – in unserer Kindheit die Dinge aus, die uns ein Leben lang begleiten. Ein einfaches Beispiel mag dies verdeutlichen. Ein Junge, der irgendwo in den Slums der Welt zuhause ist, wird sehr früh mit Gewalt und Armut konfrontiert. Er wird sich „Strategien" überlegen, die ihn am Leben erhalten. Er wird wachsamer sein als andere Kinder, er wird früher mit Gewalt antworten, er wird sich wahrscheinlich stärker um sich kümmern, als um andere. Was auch immer. Nehmen wir jetzt einfach einmal an, dieser kleine Junge gelangt an den Containerhafen seiner großen Stadt. Er spielt dort, fällt versehentlich in den Container eines Schiffes, das gerade nach New York ausläuft. Nehmen wir weiter an, dass dieser kleine Junge nun die berühmte amerikanische Karriere eines Tellerwäschers angeht – er wird reich. Verändert Geld den Charakter? Ich meine, dass sich der nun große Junge zwar äußerlich verändert, aber innerlich noch die Prägung seiner Kindheit in sich trägt. Er ist wachsam, vielleicht eher gewaltsam, kümmert sich in erster Linie um sich selbst und so weiter.

Nun, so bildlich dieses Beispiel ist, verdeutlicht es die Kraft unserer Prägungen. Wie eine Schallplatte, sei sie noch so alt und krächzend, die Rillen sind „in uns", haben uns geprägt und spielen immer noch die gleich Melodie. Schwer ist die Veränderung, nur schwer lassen wir uns überzeugen.

Doch setzen wir uns alle heutigen Blockaden nur selbst. Wie der kleine Junge, der sich im mittleren Lebensalter in Sicherheit wiegen könnte, wird er es möglicherweise nicht wahrnehmen. Warum nicht?

Hirnforscher und Wissenschaftler haben eine ganz einfache Erklä-

rung dafür. Wir verändern uns erst, wenn wir eine bessere Alternative in Aussicht haben. Ein starker Raucher wird nicht aufgeben zu rauchen, wenn er es nicht gegen etwas Besseres eintauschen kann. Zum Beispiel gegen seine Gesundheit. Der Raucher, der sich wirklich um seine Gesundheit bemüht, kann nicht mehr rauchen.
Nur die möglichen positiven Alternativen sind es, die mich zur Veränderung veranlassen. Bewähren sich die Veränderungen, geht es mir besser, werde ich in der Richtung weiter verfahren. Was Kinder als ganz natürlichen Instinkt praktizieren, haben wir Erwachsenen gründlich verlernt.
Jetzt wird es aber spannend. Denn die Alternative zu unserer Problemlösung ist in den meisten Fällen ja noch gar nicht greifbar. Es gehören Mut, Ausdauer und Risiko dazu, eine neue Variante zu finden.
Wir nennen das das „Verlassen der Komfortzone". Dort in der Komfortzone geht es uns besonders gut, wie der Name schon sagt. Wir leben dort im Komfort. Häufiger Preis für diesen Komfort: Unbeweglichkeit, Trägheit, Energieverlust.
Weil es uns hier besser gefällt als einen neuen Weg auszuprobieren – es könnte ja noch „schlechter" werden. Erst wenn der Leidensdruck groß genug ist, oft ausgelöst durch Krankheit, denken viele Menschen über ein Verlassen der Komfortzone nach.

Die Komfortzone ist wie ein eingezäunter Garten. Wenn ich neue Erlebnisse und Erfahrungen in mein Leben integriere, erweitere ich diesen Bereich, ich werde vollständiger.
Die Lust am Leben, am Spiel des Lebens erhalte ich eben durch solche Aktivitäten. Der Forscher Mihaly Csikszentmihalyi, ist der Mann der den Flow „gefunden" und benannt hat! Flow ist ein Zustand des Glücks. Ein Zustand der beflügelt, den ich immer wieder haben möchte. Und Flow entsteht vereinfacht ausgedrückt durch das „Betreten" neuer Bereiche, das Verlassen bekannter Erde, in Unsicherheit. Und diese Unsicherheit wird durch erfolgreiches Tun in Sicherheit gewandelt. Das ist dann ein Flow Erlebnis. Die Erweiterung der Komfortzone, mit erhobenem Haupt durch die Zielgera-

de laufen. Das macht Spaß und Mut für die kommenden Flows.
Nur du bist der Held in deiner Welt. Nur du selbst kannst die Komfortzone sehen und sie auch verlassen. Alle Blockaden setzen wir uns selbst. Tief im Inneren. Wenn ich mir und den inneren Mitarbeitern meiner ICHselbstAG keine Alternativen außerhalb meiner Komfortzone aufzeige, dann wird nichts aus dem „feinen Leben". Schaffen wir uns keine Spielräume, auch einmal zu „versagen", machen wir uns klein und unbedeutend. Und dies entspricht nicht unserer Natur. Wir haben alle Kraft, die wir benötigen. Nelson Mandela sprach davon, dass wir nicht vor dem Angst hätten, was wir nicht könnten. Wir haben eher davor Angst wie groß und stark wir doch in Wirklichkeit sind!

Werfe die eine oder andere Blockade einfach einmal über Bord. Probiere Neues aus, freue dich über das Gelingen, oder lache herzlich über dich selbst! Es ist doch das Spiel des Lebens. Meine Mutter steckte meinem Vater einmal ein Zitat in den Geldbeutel „Ohne Spiel und Risiko ist das Leben schal".
Wie schade ist es, das Leben einfach nur abzuspulen. Tagein, Tagaus, das gleiche Lied. Das ist so, als würden wir Monopoly spielen und immer im Gefängnis sitzen. Und das auch noch freiwillig. Ziehe die richtige Karte „Ich komme aus dem Gefängnis frei", gehe gleich über Los und laufe über die Badstrasse, zum Opernhaus und wo noch überall hin. In jeder Sekunde kannst du entscheiden, was du ändern möchtest. Ist das nicht ein Glück! Starte jetzt! Die Gelegenheit wird nie günstiger sein. Jetzt gerade beginnt der Rest deines Lebens. Du bestimmst wie!

Vertrauen und Sicherheit.
Oder doch „Blinde Kuh"?

Eines ist sicher.
Es geht weiter.

Vertrauen bedingt eine wesentliche Grundlage: Sicherheit. Wenn wir uns in Sicherheit verstehen, dann beginnen wir zu vertrauen! Tun wir es nicht, beginnt Kontrolle. Kontrolle ist eine Art Überwachung. Überwachung findet dann statt, wenn Unsicherheit vorliegt. Häufig der Beginn größter Liebesdramen. Denn dort, wo kein Vertrauen, also keine Sicherheit vorherrscht, beginnt Kontrolle. Kontrolle ist Angst und Angst der Gegenpol der Liebe (Natürliches Gesetz der Polarität!).

Bleiben wir erst bei der Sicherheit. Könntest du glauben, dass es gar keine Sicherheit gibt? Wie kann ich das behaupten? Sicherheit hat etwas handfestes, auch etwas Kontrolliertes! Kontrolle hat wiederum etwas mit Festhalten zu tun. Doch wie kann ich etwas festhalten, was immer in Bewegung ist? Leben ist Bewegung. Wäre es nicht in Bewegung, dann könntest du jetzt nicht diese Zeilen lesen, du hättest nie Lesen gelernt! So ist alles in Bewegung, im Fluss. Wenn ich also etwas, was in Bewegung ist, festhalten möchte, kann ich nur scheitern. Oder hast du schon einmal versucht, ein laufendes Riesenrad anzuhalten? Und was ist ein Riesenrad gegen dein und mein Leben? Es gibt keine Sicherheit!
Noch ein anderer Betrachtungswinkel: Unser Leben und unsere Evolution beruhen auf einem Stirb-und-Werde-Prinzip. Alles was um uns entsteht wird auch wieder gehen. Das erkennen wir jedes Lebensjahr auf ein Neues: das Frühjahr, der Sommer, Herbst und der Winter, ein Kommen und Gehen. Altes macht Platz für Neues. So auch in unserem Leben! Ein Kommen und Gehen!

Ganz nebenbei bemerkt, es wäre schön, wenn es uns möglich wäre, jede Minute unseres Lebens so bewusst zu leben, dass wir all diese

Evolution bewusst miterleben. Darüber immer neu und bewusst zu entscheiden, wie es uns geht, was wir tun können, ja einfach wie unser Glücks-Barometer steht?

Wenn wir davon ausgehen, dass alles geht, was kommt, dann können wir es nicht festhalten! Ein Mensch der erlebt hat, was es bedeutet, einen geliebten Menschen zu verlieren, weiß wovon ich spreche! Es ist unmöglich, einen Menschen, der gehen wird, aufzuhalten. Man kann ihn nicht festhalten. Es gibt keine Sicherheit!

Eine Teilnehmerin aus einem kürzlich vergangenen Kurs hat sich während der Mittagspause den Fuß verdreht und sich dabei sogar ein Band gerissen. Bianca kam mit einem Lächeln zurück vom Arzt und meinte „ist es nicht wieder einmal verwunderlich? Vor der Mittagspause war ich mir ganz sicher mein Glück gefunden zu haben. Und jetzt nach meinem Unfall bemerke ich, dass ich wieder, wie im richtigen Leben dabei bin, mich an meinem eigenen Glück zu hindern! Diesmal nicht." Für alle anderen Teilnehmer im Raum war das einer der bedeutsamsten Momente im Kontakt mit Bianca und mit sich selbst. Auch ich werde diese Ansage nie vergessen und immer wieder als Beispiel hernehmen.

Denn wenn es keine Sicherheit gibt, kann ich mich nicht darauf berufen!
Ich kann nur das empfangen was ist und meine Schlüsse daraus ziehen.
Vergiss Sicherheit. Lebe den Moment!

Weißt du eigentlich was Vertrauen noch alles ist?

Vertrauen hat etwas mit dem **Glauben an sich selbst zu tun**! Stell dir ein Kind vor. Vielleicht bist du in der glücklichen Lage, Kinder um dich zu haben und sie beobachten zu können! Versetze dich doch einfach einmal in ein Kind im Alter von, sagen wir, ein oder zwei Jahren hinein. Das Alter, in dem wir Menschen beginnen, das Laufen zu lernen. Stell dir vor, wir würden ernsthaft über die Mühen nachdenken können, die uns das Laufen lernen bereiten wird. Geprägt von der Annahme, dass wir viele Schmerzen durch eine Unmenge an Stürzen in Kauf nehmen müssten, würden wir aller Wahrscheinlichkeit nicht laufen lernen wollen! Das Ergebnis: wir alle würden heute krabbeln!

Nun, dem ist nicht so. Wir wissen instinktiv, dass wir es lernen können. Wir haben Vertrauen in uns, denn um uns sind lauter Menschenkinder, die laufen. Wir gehen dem guten Beispiel nach. Da wird das ja wohl bei „mir" auch funktionieren! Gott sei es gedankt! Es ist so. In stetigem Probehandeln kämpfen wir uns eisern durch und lernen laufen!

Im Erwachsenenalter geht uns dieses Vertrauen in uns selbst in vielen Situationen verloren. Zu viele Menschen scheinen um uns zu sein, die dies und das so viel besser können. Die Annahme ist groß, dass es überhaupt viele Menschen gibt die „besser" sind als ich, die „schöner" sind als ich, die „reicher" sind, eloquenter und was noch alles! Lassen wir uns tagtäglich auf diese Annahme ein, wird sie für uns irgendwann zur Wahrheit! Plötzlich haben wir nicht nur die Vermutung, dass wir nicht so gut sind wie andere, bald sind wir uns ganz sicher! Wir schaffen **unsere eigene Wahrheit!**

Unser Vertrauen in uns, unser Selbst-Vertrauen kommt noch stärker ins straucheln. Die Probe auf das Exempel, hält es uns immer vor Augen: Täglich finden wir viele Menschen um uns, die vieles viel besser machen als wir! Die kindliche Freude des „Laufenlernens" geht uns irgendwann vollends ab – alles könnte ja noch schlimmer werden, oder mehr noch, ich könnte mich blamieren!

Das heißt, mein **Aktionsradius wird immer enger.** Mehr und mehr werde ich mich in einem klar umrissenen Kreis bewegen, den ich mit hoher Sicherheit beherrsche! So wird es eng um mich. Mein „Aktionsradius" wird stark eingeschränkt. Dadurch, dass ich mich einschränke, werde ich nur noch Dinge wahrnehmen, die sich genau in meiner „Zone" befinden, damit ich sie auch gut beurteilen kann. So auch meine Mitmenschen. Je geschwächter das Selbst-Vertrauen, je kleiner der Aktionsradius, desto eingeschränkter zeigt sich meine Wahrnehmung. Es wird noch enger um mich!
Kommt dir das bekannt vor?

Mit der kommenden Übung möchte ich dich ermuntern, neue Blickwinkel zu gewinnen. Oben habe ich das Beispiel unserer Kindheit angeführt, die Idee des Probehandelns. Ich verrate kein Geheimnis, wenn ich hier an dieser Stelle wieder einmal aufzeige, dass die effizienteste Form des Lernens, das gefühlvolle Erfahren an sich selbst ist! Wo diese Erfahrung auch noch auf kindliche, spielerische Weise stattfindet, geht es uns noch leichter von der Hand.

Erfahrungen bewegen uns, weil sie tief in unserem inneren Wesen gefühlvolle, emotionale Reaktionen hervorrufen. Nur Gelerntes verfliegt, weil es im Grunde nur für das Außen geschaffen ist!

Also **auf zum Probehandeln**. Schnappe dir einen Partner und ein Halstuch, Schal oder Augenbinde! Einem von Euch beiden verbindet ihr die Augen, der andere führt! Binde dem Partner, oder dir selbst die Augenbinde um. Nimm dir Zeit zum Führen und geführt werden. Jeder von Euch hat eine Stunde! Keiner spricht mit dem anderen, nur beim Wechsel der Augenbinde wird darüber gesprochen, wie es wieder nach Hause geht. Ansonsten steht das pure Erleben im Vordergrund! Ohne Sicht und ohne Sprache! Wie gesagt, nehmt euch die Zeit! Es lohnt sich! Du wirst dich wundern! Und dabei sicherlich viel lachen!

Mache die Erfahrung, wie es ist, mit verbundenen Augen

geführt zu werden! Der Anfang ist geprägt von hoher Unsicherheit (wie im Leben!), Kontrolle wird gesucht, dann baut sich ganz langsam ein Vertrauen auf und bald wirst du bemerken, wie du übermütig wirst, wie das Kind in dir zum Vorschein kommt. Wenn du „mütterliches" Vertrauen, Sicherheit und Einlassen in der Person findest, die dich führt.

Wechselt nach einer Stunde wortlos. Sprecht bitte auch nicht, wenn du geführt wirst (Lachen ist natürlich immer erlaubt!). Du und dein Spielpartner starten jetzt eine neue Erfahrung – erfühle, wie es ist, zu führen! Wie es ist, Verantwortung für einen anderen Menschen zu übernehmen, der auf dich vertraut. Wie möglicherweise die Angst aufkommt, eine solche Verantwortung für einen anderen Menschen nicht tragen zu können oder zu wollen! Wie geht es dir damit?

Erst nach diesen 2 Stunden, durch Räumlichkeiten, Natur mit vielen Berührungen und Erfahrungen tauschen sich beide Partner aus! Und schreiben anschließend die gemachten Erfahrungen auf!

Was hat dich berührt? An was hast du dich erinnert, was längst vergessen schien? Was hat dir gut getan, was weniger gut?

Versuche anschließend heraus zu finden, welche inneren Personen deiner ICHselbstAG angesprochen wurden! Und versuche vielleicht auch, eine Idee zu entwickeln, wie du diese Erfahrung in dein tägliches Leben integrieren kannst! Beispielsweise die Erkenntnis, dass ein Vertrauensvorschuss in zukünftige Visionen hilfreich sein könnte! Oder, dass ein Einlassen auf den anderen durch Zuhören, Vertrauen schafft! Und vieles mehr! Viel Erfolg. Nur Mut. Aus Erfahrung weiß ich, dass es immer eine Erkenntnis gibt! Nur zu!

Sich einlassen, sich hingeben.

Wenn Teilnehmer diese Übung absolviert haben – meist wird sie zu Beginn als kindisch (ist das nicht das schöne, dass wir eigentlich

immer wollen und wir uns nur wehren?) bezeichnet. Am Ende der Übung hat sich das Blatt in jedem Falle gewendet. Die Übung wird nicht nur als eine der schönsten Erfahrungen im ganzen Kurs bezeichnet, sie bewegt uns auch zu einem inneren Wandel. Der Wandel von Unsicherheit, über das Vertrauen zur Hingabe!
Es ist ein „Sich-Einlassen“. Eine erste Hilflosigkeit, die wir dann als Wohltat empfinden, weil wir uns nach einer gewissen Zeit geborgen fühlen, wie in Mutters Händen.
Dies ist ein Gefühl, auf dessen Suche wir uns immer wieder finden. Geborgenheit und Anerkennung – „Ein-so-wie-ich-eben-bin,-sein-dürfen“ – suchen wir nicht nur in unserem Partner, auch im Berufsleben und Freunden sehnen wir uns nach dieser anderen Art der Liebe.
Um diese Liebe zu bekommen, ist die Voraussetzung Liebe zu geben. Tiefe Liebe zu geben fordert uns häufig bis aufs Äußerste. Denn wahre Liebe und Hingabe bedingen eine starke Bedrohung unseres Egos. Denn durch Hingabe an meinen Partner werde ich offen und verletzlich. Hingabe (Agape, wie sie C.G Jung nannte) erfordert eine außergewöhnliche Nähe zu meinem Partner. Je näher ich mich gebe, desto verletzlicher werde ich. Folglich steigert dies auch immer wieder die Unsicherheit.

Das Wunderbare ist dabei, dass der Partner mein Spiegel ist. Nichts ist in ihm, was auch nicht in mir wäre. Nichts zeigt er mir so gnadenlos, wie das, was in mir noch nicht erlöst, ins Licht geraten ist! Es sind meine Schattenseiten, die mir meine Liebe zeigt. Nichts ist härter und nichts ist größer als die „Überwindung“ dieser Schattenseiten, die ich in mir integriere.

Erich Fromm vergleicht die Liebe in seinem Werk „Die Kunst des Liebens“ mit einem ganz traditionellen Handwerk. Ich begebe mich in die Ausbildung, werde Geselle und nach Jahren einmal Meister. Liebe ist Arbeit. Arbeit im Wechselspiel von Nähe und Distanz. Ein ständiges Einander-Näherkommen und Entfernen, ein Lernen und Lehren. Die Rollen von Lehrer und Lehrling wechseln ständig.

Liebe ist deshalb der größte „Klebstoff" im Leben eines Menschen. Liebe verbindet uns Menschen so stark, dass wir dadurch die Kraft gewinnen, um miteinander Aufgaben zu meistern und aneinander zu wachsen. Liebe ist keine Liebelei oder immer währendes Verliebt-Sein. Liebe stellt uns auf die Probe - tagtäglich.

Diejenigen unter uns, die ständig wechselnde Liebesbeziehungen eingehen, scheuen sich, Liebe zu leben, weil sie sich zu sehr berühren lassen müssten. Berührung ist potenzielle Verletzbarkeit.
Werner kam mit einem verletzten Arm in einen Kurs, seine Nerven waren stark entzündet. In verschiedene Übungen wollte er nicht so richtig einsteigen. Offensichtlich vermied er die Berührung anderer. Er fand auch während der Entspannungsphasen so wenig Ruhe in sich, dass er den bewussten und wichtigen Wechsel von Musikstücken als störend empfand. Im Verlauf des Kurses fragte er uns als Gruppenleiter, woran es liegen könne, dass bestimmte Dinge nur ihn und niemand anderen im Kurse stören. Die anderen Gruppenmitglieder spiegelten ihm, dass ihnen die Musikwechsel tatsächlich nicht aufgefallen waren. Sie seien so tief in der Entspannung gewesen, hätten sich so tief eingelassen, dass sie es nicht registrierten, was gerade um sie herum passierte.
Und sie bemerkten, dass sich Werner nicht berühren lassen wollte, offensichtlich da sein Arm krank sei. Klaus berichtete sichtlich berührt, dass seine letzte große Liebe eine tiefe Verletzung hinterlassen hatte. Als er nun endlich darüber sprechen konnte, ließ er „Dampf" ab, konnte offen trauern und öffnete sich im geschützten Raum der Gruppe. Von diesem Zeitpunkt konnte er tiefer in alle Übungen einsteigen, ließ die, tief in seinem Inneren sehnlichst gewünschte Nähe zu. Nach nur vier Tagen, am Ende des Kurses war der Arm – auch mit Unterstützung verschiedener Massageanwendungen anderer Teilnehmer – wieder gesund. Werner hat durch die Übungen eine Schwelle übertreten. Die äußere Verletzung spiegelte seine tiefe innere Berührung.
Wenn Du das gerade gelesene Kapitel mit einer persönlichen Erfahrung vertiefen möchtest, nutze das komplette Legespiel, wie zu

Beginn des Buches in einzelnen Schritten beschrieben. Du erhältst damit einen neuen Blickwinkel auf dem Weg zur Lösung deines Problems.

Die Karte, die Repräsentant für dieses Kapitel ist, heißt:
DAS VERTRAUEN
Die Frage, die bei dieser gelegten Karte auftaucht ist:
„Wo sollte ich mehr vertrauen?"
„Was würde mir helfen, mehr Vertrauen zu bekommen?"

Wichtig! Die Erfahrung mit dieser Karte kannst du nicht einzeln, sondern immer nur mit der ausgelegten Karte im Legesystem machen.

Prinzip des (Energie-)Flusses

Loslassen heißt annehmen.

Dieses kleine Beispiel beschreibt die grundsätzliche Entwicklung in meinen Kursen. Eine Schwelle wird überschritten, wie ein Bachlauf, der übersprungen wird und zu neuen Ufern führt.

Auch vergleichbar mit einem Pfeil und Bogen. Beim Bogenschießen nehme ich das Ziel in Augenschein. Ich spanne den Bogen bis zum Ende und lasse dann los. Der Pfeil fliegt - ich kann jetzt nichts mehr verändern. Ich kann den Schuss nicht ungeschehen machen, ich kann höchstens einen zweiten Versuch starten.

Ein Ziel anzupeilen, Energie fließen zu lassen und dann annehmen was ist, ist wohl die größte Leistung unseres Lebens.

Es fällt häufig schwer, das zu akzeptieren, was ist. Häufig wird eine Logik, die auf einem natürlichen Gesetz beruht, noch nicht erkannt. Oder die eigentliche Ursache ist längst vergessen, darüber hatten wir bereits in vorherigen Kapiteln gesprochen. Dennoch gibt es keine andere Art das Loslassen aktiv zu betreiben, als das anzunehmen was ist. Ich kann es nicht ändern, ich könnte es im besten Falle noch einmal versuchen. Scheitert es dann erneut, wird es mir vielleicht noch schwerer fallen. Das ist zu akzeptieren.

Im Hintergrund steht auch hier wieder das ganz natürliche Gesetz im Hier und Jetzt zu leben. Das Gestern kann ich nicht mehr beeinflussen, selbst wenn es vor einer Sekunde war und das Morgen ist eine pure Annahme deiner Erwartung.

Energie kommt aus dem Griechischen und bedeutet „Wirksamkeit“. Mit der Energie zu gehen, heißt etwas Wirksames zu erhalten. Etwas was wirkt. Etwas was erfolgt. Wenn nichts folgt, lebst du nicht energetisch.

Mit der Energie zu gehen, heißt deshalb auch, Widerstände aufzuspüren und den Weg des Fließens zu finden. Das heißt jedoch nicht,

Dinge so ertragen zu müssen, wie sie sind, weil man ja sowieso nichts ändern könnte! Du bist der Held in deiner Welt! Und nur du kannst deine Energie spüren und den richtigen Fluss wählen, die Geschwindigkeit bestimmen und eben Hindernisse aufspüren.
Widerstände und Hindernisse sind Lernaufgaben, wie Hinweisschilder auf einer Straße. Hier oder dort geht es entlang, nur du kennst dein Ziel. Kennst du es nicht, wird es dir immer schwer fallen den rechten Weg zu finden.

Wenn Du das gerade gelesene Kapitel mit einer persönlichen Erfahrung vertiefen möchtest, nutze das komplette Legespiel, wie zu Beginn des Buches in einzelnen Schritten beschrieben. Du erhältst damit einen neuen Blickwinkel auf dem Weg zur Lösung deines Problems.

Die Karte, die Repräsentant für dieses Kapitel ist, heißt:
DAS LOSLASSEN
Die Frage, die bei dieser gelegten Karte auftaucht ist:
„Was muss ich loslassen und aufgeben?“
„Was erhalte ich an Neuem dafür?“

Wichtig! Die Erfahrung mit dieser Karte kannst du nicht einzeln, sondern immer nur mit der ausgelegten Karte im Legesystem machen.

Prinzip der Stille und Langsamkeit

Die Selbstkonferenz ist die Konferenz mit deinem Selbst!

Wir benötigen nicht mehr Wissen.
Wir brauchen Weisheit.
Und Weisheit kommt durch unsere Aufmerksamkeit.

Spätestens seit dem Zeitpunkt, als das religiöse Oberhaupt der Tibeter, Dalai Lama in der westlichen Welt aufgetreten ist, wissen wir, wie Mönche zu sich finden. Im Schneidersitz, in sich gekehrt, in ihrer Mitte ruhend. Mehrmals am Tag. Und vor allem in Stille.

Viele westliche Menschen möchten nun dieser Idee nachkommen: Meditation. Für viele ist es der Weg zu sich, vielen anderen gelingt es nicht.

Nachdem ich viele Teilnehmer meiner Kurse kennen gelernt habe, denen es ähnlich geht wie mir – ich gehöre zu den Menschen, denen es ebenfalls ein wenig schwer fällt, zu meditieren, machte ich mir Gedanken. In allen meinen Kursen wird Disziplin, aber noch stärker Eigenverantwortung und Achtsamkeit mit und um sich selbst, an die erste Stelle gerückt – denn, wie gesagt, du bist ja der eigenverantwortliche Held in deiner Welt.

Immer wieder beflügelt von dieser Einstellung, machte ich mir Gedanken um die eigentliche Essenz dieser Arbeitstechnik. Es ist nicht das Sitzen, nicht das konzentrierte Schweigen, es ist die Stille, die es erst einmal in uns zu finden gilt.

Stille ist das, was du und ich am wenigsten um uns haben. Gestatte mir in diesem Moment, deine Aufmerksamkeit auf dein Umfeld zu richten. Wo bist du gerade? Was ist um dich? Wo gibt es eine Geräuschquelle? Ohne zu wissen, wo du gerade sitzt, vermute ich, dass es gerade nicht sonderlich still um dich ist!

Liege ich da richtig?

Da für uns hektische, meist am Erfolg orientierte Menschen Stille mittlerweile ein so ungewohntes Gut ist, wird es uns fast bedrohlich. Was im Mittelalter an der Tagesordnung war – Stille – ist heu-

te eine Rarität. Wir sind so an unseren Lärm, an unsere äußerliche Bewegung gewohnt, dass wir Stille schon fast als unangenehm enttarnen.
Dabei ist sie so wichtig für uns – für alle Prozesse um unserer wahren Idee, die immer in uns steckt – zu folgen.

So entstand die Idee der Selbstkonferenz®.
Es ist eine Übung in Stille, ganz mit sich selbst. Du hast ein Thema, eine Frage, eine Entscheidung? Schreibe deine Frage auf einen Block oder ein Stück Papier. Suche dir einen für dich bequemen und geeigneten Ort, an dem du für ca. 1 Stunde ganz in Ruhe bist. Bitte stelle das für dich ganz sicher.
Lasse dich von dem Ort magisch anziehen. Er kann im Haus oder ganz natürlich auch in der Natur liegen. Wo an diesem Platz möchtest du es dir bequem machen?
Wo zieht es dich hin? Setze dich dort ganz bequem hin. Bedenke, es muss kein „Schneidersitz" sein. Nimm dir, wenn du im Haus bist, eine Kerze und vielleicht ein paar Räucherstäbchen mit – selbst das ist aber nicht zwingend.
Und nun nimm Platz, lege deinen Block mit deiner Frage neben dich, nimm einen Stift in die Hand und lese dir die Frage noch einmal ganz bewusst durch.

Probiere, wie es ist, mit geschlossenen Augen zu schreiben. Dann binde dir ein Tuch um die Augen und entdecke, was alles auftaucht. Alles, was du nun wahrnimmst, alle Ideen, alle Bilder, alle Eindrücke lasse nun auf dich wirken und erinnere dich immer wieder an deine Frage. Und während deine Frage auftaucht, können deine Gedanken einfach fliegen, wie ein Film, den du dir gerade ansiehst. Die Bilder kommen und gehen vor deinem inneren Auge. Alles was kommt ist gut. Alles hat etwas mit deiner persönlichen Fragestellung zu tun!
Nichts ist dabei zu machen. Es gibt kein falsch oder richtig. Alles ist so in Ordnung wie es auftaucht. Wenn du etwas bewusst dafür tun willst, arbeitest du dagegen! Bleibe einfach entspannt und erwar-

tungsvoll. Fast schon wie im Kino, nur dass du hier der Betrachter deiner ganz eigenen Welt bist, die nur du kennen kannst!
Und nun werden immer mehr Gefühle, Ideen und Bilder auf dich einströmen.
Je länger du verweilst – eine Stunde sollte es schon sein – desto stärker wird sich die Betrachtung zu deiner gestellten Frage verändern. Du schaffst dir die Möglichkeit, viele Blickwinkel zu deinem Thema zu gestalten. Denn du trägst die Lösung für dein Thema, für deine Fragestellung bereits in dir – du musst sie nur noch erwecken und entdecken.
Denn nur du bist der Held in deiner Welt.
Schreibe immer wieder alles auf, was vor deinem inneren Auge auftaucht. Alle Gedanken und Gefühle. Du schreibst ja „blind" und so wird es am Anfang komisch anmuten. Du achtest vielleicht darauf, dass du leserlich und ordentlich schreibst. Das brauchst du nicht. Nur eines ist wichtig – schreibe! Wiederhole deine Frage im Geiste so oft du kannst! Deine Wahrnehmung wird immer klarer!

Wenn nun also eine Stunde vergangen ist, nimm die Augenbinde oder -klappe wieder ab und entdecke auf deinem Papier, was dir als erstes ins Auge springt. Was noch? Und weiter? Was ist schlecht leserlich? Wo hat vielleicht dein Stift versagt? Wo bist du ganz aus der Zeile gerutscht?
Aber das Wesentliche dabei ist: welche Hinweise kann es dir geben?

Eine Zeile, in der dir die Tinte ausgegangen ist, betrifft vielleicht ein Thema, das dir nicht transparent oder bewusst ist, oder du möchtest nichts davon wissen. Eine abgerutschte Zeile soll dir vielleicht zeigen, dass es Zeit ist, sich an dieser Stelle einmal neu zu orientieren, einen neuen Blickwinkel einzunehmen. Und so weiter. Deinem analogen Denken, also die verborgenen Hinweise zu entdecken, sind nahezu keine Grenzen gesetzt!

Welche Gefühle und Gedanken machen sich breit? Was lässt sich

mit dem Bild aus der Stille kombinieren? Du trägst alles in dir. Die Lösung zu deiner Frage und zu deinem Problem schlummert nur in dir. Diese Übung bringt schon einen Teil deiner Lösung an das Licht. Es liegt an dir, zu kombinieren!
Ja wundere dich, was alles auftaucht. Wenn du genau hinsiehst, kannst du die Vergangenheit sehen, die Gegenwart spüren und schon einen Blick in deine Zukunft werfen. Es ist in dir. Es ist alles da, was du benötigst!
Alles ist für uns da – alles ist für dich da!

Die Idee der Selbstkonferenz® verstärkt den Glauben, dass alles, was um uns geschieht, mit uns zu tun hat! Nichts ist einfach nur so da, oder gar überflüssig. Alles ist für uns vorhanden – wir müssen es nur wahrnehmen und interpretieren. Es gibt keinen „falschen" Partner, es gibt nur einen Spiegel bestimmter Eigenschaften, die wir an uns selbst nicht sehen wollen. Es gibt keinen „falschen" Arbeitgeber, denn du selbst hast ihn einmal mit gutem Grund gewählt! Es gibt keine „falschen" Freunde und Bekannte, weil du selbst ein Teil deines Freundeskreises bist. Mit dem Sprichwort, „zeig mir mit wem du gehst und ich sage dir wer du bist" ist sich der Volksmund schon dieser Idee bewusst. Es gibt keine „schlechten" Autofahrer, weil auch sie nur ein Spiegel deiner selbst sind. Mancher Autofahrer, der zu bemerken glaubt, dass alle anderen Verkehrsteilnehmer um ihn herum aggressiv Auto fahren, sollte seine eigene Fahrweise einmal überprüfen und sich überlegen, warum ihm das Fahrverhalten „aller anderen" aggressiv erscheint. Wenn ich mich in einer Situation oder in der Gesellschaft meiner Freunde nicht mehr wohl fühle, wenn ich das Gefühl habe, die ganze Familie habe sich gegen mich verschworen, wenn ich mich darüber wundere, dass meine Partner mich immer nach kurzer Zeit wieder verlassen, dann sollte ich damit beginnen, darüber nachzudenken, was das alles mit mir zu tun hat. Es ist einfach und bequem, einen „Schuldigen" für die eigene missliche Situation zu suchen – aber das bringt uns nicht weiter. Meistens sind nicht die Freunde „falsch" der Chef „böse" oder alle anderen Autofahrer aggressiv. Es ist etwas im eigenen Verhalten, das uns immer wieder in Situationen manövriert, die unangenehm sind. Ein Psychologe würde sagen, man solle sein „Muster ändern“. Nur die Änderung eigener Einstellungen und Verhaltensweisen kann Lebensumstände, die untragbar geworden sind verändern. Der erste Schritt dahin, ist Verantwortung für das eigene Handeln zu übernehmen.

Ein neues Experiment.
Vielleicht nach der Selbstkonferenz® oder an einem anderen Tag. Begebe dich doch einfach einmal auf einen Spaziergang. Natürlich, wie könnte es anders sein, mit einer Aufgaben- oder Fragestellung. Nimm dir Zeit, vielleicht wieder ein Stunde. Lasse dich einfach treiben. Wo zieht es dich hin? Lasse wieder die bereits bekannte oder eine neue Fragestellung um dich kreisen.
Und nun gehe auf Entdeckungsreise. Was fällt dir auf? Was springt dir ins Auge? Was spricht dich an? Und was hat es mit deinem Thema oder deiner Fragestellung zu tun?
Bedenke – alles ist in deiner Wahrnehmung und somit in deiner Heldenwelt! Es ist wieder, wie immer, alles für dich vorhanden! Und es ist nicht nur einfach so da, es fällt dir sogar zu!
Mach etwas damit. Gewinne daraus deine Erkenntnis! Bringe dich und deine Welt neu in Form – informiere dich neu!
Der Ast, der am Wegesrand liegt, zeigt dir vielleicht den Weg. Ist er gerade oder verzweigt? Wo geht es hin mit deiner Fragestellung? Ein toter Vogel im Gebüsch mag dir zeigen, dass soeben etwas stirbt. Eine Entscheidung, die bereits getroffen wurde, ein Auftrag der zu Ende geht oder vielleicht sogar die Beziehung zu deinem Partner? Die zwitschernden Vögel in einem Nest rufen dich vielleicht in ein neues Heim – mit deinem Lebenspartner? Der Flusslauf, klar und rein, spiegelt deinen derzeitigen Energiestatus. Das Stolpern auf dem unebenen Weg zeigt möglicherweise deine Unsicherheit auf einem neuen Feld. Und vieles mehr.

Die Stille in uns ist das höchste Gut und der tiefste Zugang zu unserem Selbst. Nichts anderes ist es, was uns Menschen so sehr hilft, uns selbst zu finden. Und nichts anderes ist es deshalb auch, was uns so viel Furcht bereitet. Im Außen kannst du es an der überaktiven Betriebsamkeit der Menschen erkennen, die den Kontakt mit sich vermeiden. Der Workaholic, der um sich nur Arbeit hat, aber seine Familie vergisst. Die Hausfrau, die nichts anderes als Ihr Kind in den Vordergrund hebt. Der kranke Mensch, der in seiner Krankheit aufblüht und sich nur noch darum bemüht und darin lebt.

Stille ist.
Beginne sie zu hören.

Prinzip der Langsamkeit

Und der Entschleunigung.

Bei diesem so genannten Symbolspaziergang mit meinen Klienten entdecke ich selbst immer wieder Neues und Überraschendes mit und für meine Kunden. Und immer auch für mich, denn auch ich bin der Held in meiner Welt.

Die Wirkungsweise hinter diesem Symbolspaziergang ist einfach und kann auf alle Lebensbereiche übertragen werden. Es ist die Idee des Entschleunigens.

Unser Leben verläuft meistens wie eine Reise in einem ICE-Zug. Wir kommen meist schnell von A nach B, um Dinge zu erledigen, die gerade anstehen. Bei der schnellen Fahrt verwenden wir meist keinen Blick auf das, was dort draußen passiert. Bäume, Wiesen, Wälder, ganze Landschaften fliegen regelrecht an uns vorbei. Ganz zu schweigen von den Menschen, die dort draußen ihr Leben mit uns auf diesem Planeten führen.
Verringert der Zug seine Geschwindigkeit, fährt er zum Beispiel in einen Bahnhof ein, recken die meisten Fahrgäste langsam ihre Köpfe „Was passiert denn da draußen gerade?“ „Was gibt es da zu sehen?“ Das Tempo wird auf unsere Geschwindigkeit der optisch klaren Wahrnehmung zurückgeschaltet.

Ebenso können wir auch im richtigen Leben einen Gang zurückschalten und uns auf die Dinge konzentrieren, die wirklich um uns passieren. Wir können jederzeit, in jeder Stunde, in jeder Situation, Symbole finden, die uns Hinweise geben, ein Problem zu lösen oder eine Idee zur Lösung zu finden.

Die natürliche Wirkung der Entschleunigung besagt, dass wir alles erhalten, was wir benötigen, wenn wir uns auf das Wesentliche konzentrieren.

Und das schönste daran ist, dass wir es auch jederzeit im Alltag erfahren und nutzen können.
Unsere letzte Wohnung befand sich im 5. Stockwerk eines Jugendstilhauses. Das Domizil, von Freunden auch liebevoll Adlerhorst genannt, weil es über den Dächern der Stadt lag, war nur zu Fuß, also über die Treppe zu erreichen. Einen Aufzug gab es nicht.
So führte mich der Weg nach oben oder unten über diese Stufen. Zu Beginn- noch in den täglichen Werbeagenturstress verwoben - entdeckte ich an mir, dass ich, wenn ich zu spät war, oft halb angezogen, die Aktentasche unter dem Arm, das Handy in der Hand – schon telefonierend – regelrecht aus dem Haus stürzte. Nichts von dem, was auf dem Weg „lag“ hatte ich wirklich wahrgenommen oder aufgenommen.
Als ich wieder einmal zu spät und hektisch die Treppe herunterrasen wollte, beschloss ich urplötzlich langsamer zu werden, Stufe für Stufe ganz bewusst zu gehen, Stufe für Stufe zu sehen, zu betreten, an den Füssen zu spüren. Ich beschloss, mir Zeit zu nehmen, die Treppe selbst zu schätzen dafür, dass sie mich täglich „transportiert“. Und darüber auch noch froh zu sein, dass ich selbst die Treppen täglich gehen darf. Dass ich selbst die Treppe gesund auf und ab gehen kann. Es ist nicht selbstverständlich, Treppen gehen zu dürfen, nur weil andere Menschen um uns ebenfalls Treppen laufen können.
In mir machte sich ein ganz warmes Gefühl der Dankbarkeit breit. Ganz unverhofft, durch meinen eigenen Beschluss, dehnte sich dieses Gefühl von Wärme, Sicherheit und Freude aus, diese Stufen zu gehen und gesund zu sein. Zu entscheiden, wie schnell oder langsam ich jetzt gehe, welche Richtung ich einschlage, vor oder zurück. Ich war urplötzlich glücklich, ohne dass sich um mich herum etwas merklich verändert hätte. Ich selbst habe mich in diesem Moment verändert. Ich selbst habe begriffen, dass ich wirklich alles entscheiden kann. Es liegt an mir. Eine neue Art der Freude übermannte mich, das Gefühl, das bleibt ist tiefe Dankbarkeit. Und damit sind wir gleich beim folgenden Kapitel!
Was für ein Leben! Ich bin der Held in meiner Welt!

Wenn du das gerade gelesene Kapitel mit einer persönlichen Erfahrung vertiefen möchtest, nutze das komplette Legespiel, wie zu Beginn des Buches in einzelnen Schritten beschrieben. Du erhältst damit einen neuen Blickwinkel auf dem Weg zur Lösung deines Problems.

Die Karte, die Repräsentant für dieses Kapitel ist, heißt:
DIE STILLE
Die Frage, die bei dieser gelegten Karte auftaucht ist:
„Was passiert, wenn ich mich in meine
innere Ruhe begebe und in mich hineinhöre?“

Wichtig! Die Erfahrung mit dieser Karte kannst du nicht einzeln, sondern immer nur mit der ausgelegten Karte im Legesystem machen.

Prinzip der Dankbarkeit

In Zeiten, wie diesen scheint es schwerer, einfach glücklich zu sein. Doch wahres Glück ist näher als es zunächst scheint. Mach dich auf deinen Weg, es erwartet dich eine Wunder-volle Ent-deckungs-Reise.

Stell dir einmal vor, du gehst morgens aus dem Haus. So wie immer. Ganz plötzlich überkommt dich der Wunsch, heute nicht den gewohnten Weg zu gehen, nicht den gewohnten Gang zum Auto oder in die U-Bahn zu nehmen. Du wirst heute etwas ganz anderes tun. Unerwartet. Nicht geplant, ganz spontan. Heute, wenn auch erst einmal für eine kurze Weile, wirst du etwas ganz außergewöhnliches tun: du nimmst dir Zeit! Zeit für dich!

Jetzt bemerkst du, wie es in deinen Füßen juckt, einmal einen neuen Weg zu gehen. Einmal dorthin zu gehen, wo du bisher noch nicht gegangen bist. Du bist heute im Stande, das Haus nach links zu verlassen und nicht, wie in den vergangenen Jahren nach rechts, über den Gehsteig, dorthin wo es dich immer hinzog. Nein, nicht hinzog – es hat die Gewohnheit mit sich gebracht, Zeit zu sparen, nicht viel darüber nachzudenken und einmal einen eingefahrenen Pfad zu verlassen. Schließlich will niemand Zeit verschwenden!

Du gehst also auf dem Weg nach links. Du beobachtest deine Füße, denen du „willenlos" folgst. Du blickst nach oben und hörst die Vögel zwitschern, die dich mit einem Morgenkonzert begrüßen. Wie jeden Tag. Du hattest es vergessen. Den Vögeln ist das ziemlich egal. Es liegt an dir, ob du zuhörst oder nicht. Denn Vögel verlangen keinen Eintritt. Den Gesang gibt es ganz umsonst! Auch das fällt dir gerade jetzt wieder auf!

Und jetzt, wo du neben den Gesängen der Vögel wieder deine Schritte wahrnimmst, bleibst du stehen. Siehst dich um. Nach links, nach rechts, nach vorn. Plötzlich fällt dir auf, dass du dich „ganz frei" bewegen kannst. Du kannst dich doch tatsächlich jetzt in dieser

Sekunde entscheiden, ob du nach links, rechts oder geradeaus gehen willst! Oder stehen bleibst. Und jetzt, da du einfach einige Schritte weiter gehst, fällt dir auch auf, dass gerade dort hinten am Waldrand die Sonne ganz besonders lieblich hervorblinkt. Es ist das Morgenlicht. Ganz ohne Retusche. Ganz ohne Inszenierung. Einfach da. Für dich. Fürwahr – wieder kostenlos! Da sage mal einer, alles sei unerschwinglich.

Du brichst nun auf - in Richtung Waldrand, es zieht dich nach links. Dort liegt ein scheinbar vergessener alter Ball. Er erinnert dich an dein Handballspiel, wo du es der restlichen Mannschaft so richtig gezeigt hattest. Das war vor 22 Jahren. Lange her. Aber ein gutes Gefühl. So fühlt sich siegen an! Es wird dir innerlich wohlig warm, obwohl es draußen noch ganz morgen-frisch ist. Jetzt erinnerst du dich auch wieder an deine Schulabschlußfeier. Ein gigantisches Fest. Und doch kam es mit so wenig aus: man hatte sich auf sich selbst verlassen. Hatte etwas geschafft. Wir hatten etwas geschafft und waren nicht mehr zu bremsen! War das ein Gefühl!

Die Sonne verändert Ihre Farbe und du wirst magisch vom nächsten Weg angezogen. Einem Weg, den du so eigentlich noch gar nicht gesehen hattest. Er ist dir irgendwie bekannt und dennoch scheint er ganz unergründet. Du hattest ihn noch nie bewusst wahrgenommen.

Das letzte Mal, als du diesen Weg eingeschlagen hast, gab es Diskussionen mit deinem Gesprächspartner. Diese Auseinandersetzung scheint dich so gefesselt zu haben, dass du den Weg nicht mehr wahrgenommen hattest!

Erst jetzt fällt dir dabei auf, dass du soeben ganz einfach und spielerisch, wie ein kleines Kind, von einer Sekunde auf die andere, lebst. Du genießt es, jede kleine Veränderung zu erkennen. Bewusst wahrzunehmen, was um dich, just in diesen Augenblicken passiert. Du bist hier. Du bist frei. Du fühlst. Fast hattest du Tränen in deinen Augen. Nicht weil du traurig oder wehmütig bist. Du bist dir gerade bewusst, wie frei du doch bist. Hier und Jetzt. Und dass ohne „Hilfsmittel“. Kein Auto. Kein Haus. Kein Boot.

Mehr noch, du bemerkst, dass du in diesen Sekunden wirklich keine

Probleme hast. Es geht dir gut! Es fällt dir auf, dass dir auffällt, dass du in dieser Sekunde „ganz“ und „vollständig“ bist! Nichts fehlt in diesem Moment. Du bist glücklich, diesen Moment so fühlen zu dürfen. Und das ist doch eigentlich gar nicht selbstverständlich? Es berührt dich, dich selbst gerade ganz frei entschieden zu haben, zu entscheiden, dass es dir gut geht. Du fühlst. Du lebst!

Fühlen. Glauben. Handeln.

Diese kleine Episode – die Freiheit frei zu sein – kommt dir banal vor? Ist doch nicht realistisch, meinst du? Dann solltest du diese Zeilen noch einmal lesen und dir morgen früh einfach mal eine Viertelstunde von deiner Zeit nehmen, genau dies zu tun. Träume weiter. Lebe deine Träume. Denn der Rest deines Lebens beginnt in dieser Sekunde. Möchtest du noch eine Sekunde verschwenden?

Dieser morgendliche Ausflug hat etwas ganz Essenzielles mit dem zu tun, auf dessen Suche wir alle sind: Glück.

Was immer Glück für jeden von uns bedeutet, ist es einfacher zu erlangen, als wir glauben. Es ist, wie schon erwähnt, so einfach, dass wir es nicht glauben können! Wir sind es gewohnt, nur Dinge zu schätzen, um die es sich zu kämpfen lohnt, weil sie teuer und unerreichbar scheinen. So sind wir ständig auf dem Weg „hin zu etwas“ und nie im Hier und Jetzt. Nie für etwas wirklich hier und da! Ein Gefühl kann da erst gar nicht wachsen, denn wir nehmen ja gar nicht wahr was ist. Wir leben ständig in der Zukunft! So ist es nicht verwunderlich, dass die Unzufriedenheit ins Unermessliche wächst, da es ja praktisch unmöglich scheint, alles zu erreichen. Das macht uns unglücklich.
Zu Recht. Denn ich befinde mich dauerhaft in einem Mangel.
Wie, bitte schön, soll es mir da gut gehen?

Vor einiger Zeit hatte ich ein Telefoncoaching mit den Inhabern eines neuen Unternehmens. Die Fragestellung ging, wie so oft, um die Blockaden auf dem Weg zum Erfolg. Was hindert die neue Firma an einem wirklichen Erfolg. Nach einer Stunde Interview stellte sich heraus, dass die jungen Unternehmer ein wesentliches Ziel vor Augen hatten. Da sie den innovativen Markt ihrer Produkte kennen gelernt hatten und zu nutzen wussten, zeigten sie ein ganz besonderes Interesse. Ihr Augenmerk lag bereits heute auf dem erfolgreichen Verkauf des neuen Unternehmens in ungefähr fünf Jahren. Was passiert? Die Konzentration liegt nicht im Hier und Jetzt, sondern in der Ferne. Allein das zu ändern, also das Bewusstsein in das Hier und Jetzt – mit Freude und Dankbarkeit – zu lenken, dürfte den Wohl-Stand der Firma entscheidend verbessern.

Oder Peter, ein lustiger und offener Mann mittleren Alters und mehrfacher Kursteilnehmer wurde einmal zu seinem guten und gesunden Aussehen, insbesondere zu seinen noch immer tiefschwarzen Haaren, und was er denn dafür tue befragt. Peter antwortete, er danke seinem Körper, wann immer er könne. Beim Joggen und Spazierengehen. Beim Duschen und Pflegen. Sein Körper sei das schönste Transportmittel seiner Gefühle. Nur über seinen Körper erlebt er seine Welt und danke ihm regelmäßig dafür. Auch wenn er betet. Er spricht eben auch mit seinen Haaren, seinem kleinen Bauchansatz, seiner Haut und allen anderen Körperteilen. Er ist glücklich, dass er sie so hat, wie sie sind! Um Missverständnissen vorzubeugen, Peter ist eine Führungskraft und selbständiger Unternehmer! Zeigt weder äußerlich noch innerlich Anzeichen von Übertreibungen oder geistiger Abwesenheit! Er ist ein Mensch mitten aus dem Leben und als Unternehmer gewohnt, sich – realistisch – tagtäglich auf ein Neues selbst zu motivieren!

Doch was macht mich glücklich?

Diese kleinen Episoden haben Mehrwert. Sie haben, wie gesagt, Glücks-Potenzial. Zum Glück gehört im Wesentlichen die Erkenntnis, wirklich alles selbst in der Hand zu haben. Ob ich links oder rechts gehe, entscheide nur ich! Ich entscheide, wie ich meinen Kör-

per behandle. Entscheide ich klar, kann ich auch Annnehmen, kann ich Loslassen, kann ich ganz natürlich in Freude geben!
Zum Glück gehört, das zu fühlen, was ist und es dadurch zu schätzen. Glück ist eng mit Dankbarkeit verbunden. Und der Weg zum Glück ist der Weg des Vertrauens. Vertrauen in mich, dass Dinge heute genau so gut laufen, wie sie früher schon einmal liefen, als ich sie erstmals in die Hand genommen habe: Es ist der Glaube an mich. Es ist der Glaube in mir.
Zum Glück gehört auch, sich darüber zu freuen, einen Schritt zu machen. In Richtung Sonnenaufgang, in die Erkundung neuer Wege. Es ist das Handeln, dass Glück erzeugt. Es baut mich auf. Es motiviert mich!
Und es wird noch interessanter! Kannst du dir vorstellen, was passieren würde, wenn viel mehr Menschen die Kraft des „Morgen-Spazierganges“ fühlen könnten? Den Duft der „Freiheit“ spüren könnten? Nicht nur Menschen, ganze Unternehmen würden „aufblühen“. Und noch viel schöner, es würde mehr Frieden auf unserer Erde geben, wenn jeder sich wirklich für sich selbst verantwortlich fühlt!

Der kostbarste Nebeneffekt ist, dass wir alle durch die immerwährende Bestätigung dessen, was uns der außergewöhnliche Morgen-Spaziergang in allen seinen Facetten bringt, von vereinzelten Glücksmomenten, plötzlich in dauerhafte aneinander gereihte „Glückskapitel“ schwenken könnten. Ich hätte sogar die Möglichkeit meinem Gegenüber gelassen zuzusehen und das Anderssein des anderen als Qualität zu erkennen, von der ich auch noch profitieren kann. Ich hätte einen permanenten Zugewinn. Auch das macht mich glücklicher.

Aus meiner Erfahrung kann ich sagen, dass die Mehrzahl der Menschen von Ihrem Glück deshalb abgeschnitten sind, weil sie es verlernt haben, ausgiebig zu fühlen. Auf den ersten Blick aus gutem Grund. Denn dort, wo Gefühle ihre ursprüngliche Blüte erfahren, gab es häufig Situationen, die uns veranlasst haben, anders zu „den-

ken“: in unserer Kindheit! Dort wo „Ur-Mechanismen“ trainiert werden, entscheiden wir uns wie viel wir fühlen wollen. Die Lebenserfahrung lehrt uns dann zusätzlich noch, keine „Schwäche“ zu zeigen, also „ganz tough“ zu sein und bitte keine „Fehler“ zuzugeben!
Das Ergebnis: wir sind festgefahren, erstarrt im Deck-Mantel unserer ach so guten Erfahrungen und Haltungen.

Schade eigentlich. Denn hier liegt unsere größte Chance! Es ist die Chance, wirklich nicht nur ICH (also Ego) zu sein, sondern auch mein SELBST kennen zu lernen. Nicht für Perfektion, sondern für meine Stärken und Schwächen geliebt zu werden. So wie ich nun mal bin: ICH selbst!

Nehme ich mich so wie ich bin, nehmen mich andere so wie ich bin. Handle ich freier, bin plötzlich mutig. Ich erfahre mehr von meiner Welt, werde mit weniger Ängsten und Bedenken zu kämpfen haben. Das ist Glück!

Wie vieles im Leben ist vollkommen? Ist in Ordnung! Ich meine das Leben an sich ist schon ein Geschenk! Wie vieles in unserem Leben nehmen wir einfach achtlos hin? Ist es nicht alles wert, geschätzt zu werden?
Wie oft achten wir auf das Wenige, das uns nicht in Ordnung scheint. Trachten nach dem, was wir nicht gerade erhalten könnten? Vielleicht ändert es sich gerade jetzt in diesem Moment. Oder vielleicht wäre es noch gar nicht sinnvoll, wenn es jetzt käme?
Oft höre ich von Zuhörern „Ja wenn ich gesund wäre, dann...!“ Oder „Ja, wenn ich Geld hätte, dann....!“ neben der Vermutung, dass sich allein schon durch die Fragestellung eine Un-Dankbarkeit aufzeigt, entkräfte ich immer mit folgenden Tatsachen: In einer Untersuchung wurde an gesunde Teilnehmer die Frage gestellt, ob sie sich glücklich fühlen. Darauf antworteten nur 10 % der Gesunden mit der Aussage „Ja ich fühle mich glücklich!“. Befragte man körperlich Behinderte nach ihrem Glückspotenzial waren es 50% der

Befragten, die sich so positiv äußerten! Es scheint also, als würden Menschen, die von Einschränkungen im Leben gezwungen sind, sich eher auf ihre glücklichen Aspekte konzentrieren, also den Fokus nicht nur auf ihre Krankheit sondern eher auf ihre glücklichen Erfahrungen ausrichten.
Bei der zweiten Annahme, dass das Leben besser wird, wenn ich mehr Geld hätte, wird sehr schnell klar, wie es um die Haltung der Beteiligten steht. Auf die Gegenfrage wie er denn gedenke, mehr Geld verdienen zu können, kommt meist die Antwort, „ich will es ja nur haben und nicht verdienen müssen". Erkennst du den Unterschied?
Etwas zu erhalten, ohne etwas dafür zu tun, widerspricht erstens der natürlichen Ordnung und dem Ausgleich von Geben und Nehmen – nur wenn ich etwas dafür geben kann, bin ich wirklich zufrieden – und zweitens der Haltung, jemand müsste etwas für mich tun, um eine Veränderung zur Besserung zu gestalten!

Dies kommt dem Abgeben der eigenen Verantwortung gleich und macht andere für mein Leben verantwortlich. Doch nur ich selbst bin verantwortlich für mein Empfinden, ob Glück oder Un-Glücks-Gefühl. Nur ich selbst kann mir etwas erarbeiten und dann auch stolz darauf sein. Im Übrigen schafft Stolz auch gute Gefühle.
Denn du bist der Held in deiner Welt!

Das Motto lautet einfach und ursprünglich:
Fühlen. Glauben. Handeln.

Fühlen, was ist.
Glauben, was ich fühle.
Handeln, in festem Glauben.

Ich wünsche dir viel Erfolg bei deinem „Morgen-Spaziergang", egal wie er sich bei dir zeigt. Warte nicht zu lange. Jede Minute, die du zu lange wartest, könntest du bereuen. Lass dich berühren. Du wirst es dir danken.

Wenn du das gerade gelesene Kapitel mit einer persönlichen Erfahrung vertiefen möchtest, nutze das komplette Legespiel, wie zu Beginn des Buches in einzelnen Schritten beschrieben. Du erhältst damit einen neuen Blickwinkel auf dem Weg zur Lösung deines Problems.

Die Karte, die Repräsentant für dieses Kapitel ist, heißt:
DER DANK
Die Frage, die bei dieser gelegten Karte auftaucht ist:
„Für was kann ich diesem Thema danken?"
„Für was kann ich jetzt Dankbarkeit empfinden?

Wichtig! Die Erfahrung mit dieser Karte kannst du nicht einzeln, sondern immer nur mit der ausgelegten Karte im Legesystem machen.

Prinzip der Kraftquelle

Der Schriftsteller Thomas Mann berichtete davon, dass er, nach seiner Rückkehr aus den USA nach Zürich zunächst nicht mehr frei und unbedarft schreiben konnte. Grund dafür war, dass sein Bücherregal erst 14 Tage nach ihm auf dem Seeweg in der Schweiz eintraf. Ohne sein Bücherregal, das all seine literarischen Schätze genau hinter ihm aufbewahrte, konnte er nicht kreativ sein! Ist das nicht spannend? Nicht zuletzt deshalb, weil es aus heutiger Sicht auch im Sinne des Feng Shui wichtig ist, welche Dinge hinter uns stehen, wenn wir arbeiten oder schlafen. Aber daran dachte Thomas Mann sicherlich nicht bewusst – er hatte es im Gefühl. Doch viel wichtiger ist mir an dieser Stelle, dass der berühmte Literat sein Bücherregal anscheinend auch als Kraftquelle, als Quell der Inspiration sah und fühlte. Denn wir alle bringen unser Leben leichter in den Energiefluss, wenn wir eine ganz persönliche Kraftquelle finden.

Als ich knapp über 15 Jahre alt war, fuhr ich mit meinem geliebten Mofa nach Hause. Mein guter Freund Peter war, wie fast jeden Tag mit mir unterwegs. Plötzlich schimmerte etwas im Sonnenlicht auf der Straße. Ich hielt sofort an, was Peter verwunderte – unsere Fahrweise konzentrierte sich damals eher auf jugendliches Gasgeben, und war nicht auf unnötiges Bremsen ausgelegt. Doch dieses schimmernde Etwas zog mich magisch an. Und als ich näher kam, entpuppte es sich als silberner Kugelschreiber. Ein ganz edler Kugelschreiber der Marke Parker. Silber mit schwarzen Linien, wie auf einem karierten Papier. Was für ein wundervoller Stift! So einen Stift haben sicherlich erfolgreiche und glückliche Manager, dachte ich. Werde ich wohl auch einmal einer von denen? Ich hob den Stift auf, nahm ihn an mich und musste entdecken, dass der Stift platt gefahren war. Autos hatten ihn überrollt.

Ich fühlte fortan, dass dieser Stift etwas ganz Besonderes für mich hatte. Allein der Fundort erschien mir „magisch“. Ohne es zu ahnen, wurde dieser geplättete Stift Synonym für Erfolg. Dieser Kugelschreiber wurde meine kleine Kraftquelle für mein zukünftiges Geschäftsleben. Ich machte mich auf den Weg in die Stadt und versuchte, diesen Stift neu zu erwerben. Und auch hier schien mir meine neue Kraftquelle schon magisch zu helfen. Denn die Verkäuferin sprach davon, dass dies ein sehr, sehr alter Stift sei, den sie wohl kenne, sie aber nicht glaubte, dass sie ihn noch da habe. Sie rief sogleich beim Hersteller an – damals gab es noch keine Online-Verbindungen - mit dem Ergebnis: Nichts – Ausverkauft! Sie machte sich auf den Weg ins eigene verstaubte Lager und es geschah dieser magische Moment! „Oh, da haben wir noch einen – was für ein Zufall. Ich gebe Ihnen diesen Stift noch etwas günstiger, weil er ein älteres Auslaufmodell ist!“ Was wollte ich mehr?

Seitdem halte ich den Stift bei mir – in den ersten Jahren war er bei allen wichtigen Terminen dabei, ich wurde tatsächlich zum erfolgreichen Unternehmer. Seit einigen Jahren liegt er nun in meiner Schreibtischschublade, gibt mir immer wieder Kraft durch die Erinnerung an damals. Das Silber ist leicht angelaufen, doch von seiner Magie hat er für mich persönlich nichts verloren – mehr als 30 Jahre sind seither vergangen!

Eine Teilnehmerin sprach von wunderschönen Aufnahmen, die sie an einem Ort machte und das 365-mal, also ein ganzes Jahr lang. Immer vom selben Standort aus. Das ergab eine sensationelle Sammlung von Bildern, die die Zyklen eines Jahres beschreiben. Eine kleine Auswahl davon an die Wand gebracht, kann auch ein Kraftsymbol sein. Ein Kommen und Gehen. Mit der Idee, dass es immer weitergeht! Das Stirb- und Werde-Prinzip wird hier verbildlicht.

Ein Kraftsymbol und eine Kraftquelle bergen also die Idee, dich an deine Kraft zu erinnern, die ganz tief in dir liegt. Die Kraft deiner Fähigkeiten und Stärken. Deine Werte für die du stehen möchtest. Die Kraft deiner Einmaligkeit.

Die Erfahrung bei der Verwendung einer, deiner Kraftquelle ist es, in Momenten, in denen es so scheint als würde etwas nicht funkti-

onieren, etwas nicht so richtig weiter gehen, das Kraftsymbol zu nutzen, um einen neuen Standpunkt zu finden.
Stell dir vor, du befindest dich in einer Situation mit anderen Menschen. Es gibt eine Diskussion und du weißt nicht weiter. Eine alltägliche Situation, die dir im Geschäfts- wie im Privatleben passieren kann. Hast du für dich deine Kraftquelle gefunden, kannst du dich in Sekundenschnelle separieren, deine Kraftquelle spüren oder in deine Kraftquelle gehen, wenn es ein spezieller Ort ist. Du wirst dann neue Kraft tanken und siehst die Dinge plötzlich aus einem neuen Umfeld, in einer neuen Betrachtungsweise!
In privaten Unstimmigkeiten kannst du dir die Zeit nehmen, einen kleinen Spaziergang zu unternehmen – du wirst sehen, beim Zurückkommen sind wahre Wunder passiert. Im Geschäftsleben kannst du kurz eine Toilettenpause nehmen und dich dort separieren und Kraft tanken. Du ordnest die Situation neu und das ist deine Chance, weil wir alle in angespannten Situationen eng und ängstlich werden und die Auswahl der Chancen nicht mehr sehen können.

Setze allem auch noch eine Krone auf!

Du meinst das geht nicht? Du kannst den Raum nicht einfach verlassen?
Gut, wenn du möchtest kannst du auch ein Kinderspiel anwenden, das seine Wirkung nicht verfehlen wird. Wie gesagt, es geht um die Veränderung der Blickwinkel, um deine neue Sichtweise.
Stell dir vor, du befindest dich jetzt gerade in einer Besprechung. Blicke in die Runde, sieh dir alle Beteiligten einmal genau an. Und jetzt, wo du sie alle sprechen und artikulieren siehst, setze dir selbst eine Krone auf. Spüre die Krone auf deinem Kopf. Was verändert sich? Richtig – du fühlst dich nicht mehr klein, schon jetzt erhält alles eine neue Sichtweise. Jetzt kannst du schon besser agieren. Und nun sieh dich um – wer hat noch eine Krone auf? Nicht alle? Doch, sieh genau hin, alle haben eine Krone auf. Jeder ist in seiner Welt der Held. Du in deiner! Und jeder hat Stärken, die du nicht hast! Und du hast Stärken, die andere nicht haben! Niemand ist

vollkommen, doch alle sind wir einmalig! Und zusammen sind wir kraftvoll! Lass uns kraftvoll sein!

Wie kommst du zu deinem persönlichen Kraftsymbol oder deiner Kraftinsel?

Eine kleine Traumreise. Schließe die Augen und lasse vor deinem inneren Auge Wasser auftauchen. Und nun im Wasser erkennst du eine Insel – es ist deine magische Zauberinsel. Dort findest du einen Baum, an den du dich anlehnen kannst. Wie fühlt es sich an? Und nun kannst du alles entstehen lassen, was dir Kraft gibt. Alles was dich unterstützt. Eines ist wichtig – du bist alleine hier, die Kraftquellen für dich kennst nur du! Welche Symbole kannst du entdecken?
Was gibt dir Kraft in deinem Herzen?
Und wenn du Probleme hast, die du lösen möchtest, kannst du dir deine Kraftinsel auch vor dem Einschlafen auftauchen lassen. Dort auf der Insel gibt es einen magischen Brunnen. In diesen Brunnen kannst du deine Problem werfen und entdecken, dass sich das Problem am folgenden Morgen verändert hat! Lass dich überraschen!

Wenn du deine Kraftquelle findest, dein Kraftsymbol auf dich zukommt, wie mein Kugelschreiber, dann ist es dabei wichtig, dass dort in deiner Welt Dinge auftauchen, die unabhängig sind von Menschen und Personen um dich herum.

Warum? Personen und Menschen, an die du dich in deiner Kraft anhängst machen dich möglicherweise abhängig. Du beginnst vielleicht, dein Glück nur von diesem Menschen abhängig zu machen. Verlässt dich der Mensch, bist du alleine und vielleicht sogar hilflos. Das ist nicht der Kern der Kraftquelle. Denn sie soll dir immer helfen, gerade, wenn du gegebenenfalls alleine oder hilflos bist!

Selbstverständlich gibt es aber dennoch viele Menschen um dich, die dich unterstützen, die dir eine Hilfe sind und auf die du ein Le-

ben lang Wert legen möchtest. Wichtig ist diese Menschen zu kennen, sich derer zu erinnern.
Denn diese Menschen sind dir eine wichtige Ressource, eine Kraft der menschlichen Art. Mit allen Stärken und Schwächen.

Damit du diese Menschen noch ein Stück klarer siehst, habe ich eine ganz besondere Traumreise vorbereitet. Sie hilft dir, Menschen zu sehen, die dich lieben, die dich unterstützen. Und sie hilft dir, Beziehungen zu Menschen zu klären, die dir – aus deiner heutigen Sicht – weniger „dienlich" sind, die dich eher in deiner Kraft behindern! Lass dich treiben. Lass dich wieder berühren:

Traumreise „Ressource / Festtafel"

Gehe nun wieder an der Energie deines Atems entlang, hin zu einem Platz, an dem es dir besonders gut geht.
Entdecke was auftaucht und sieh dich um, wo du dort bist. Wo stehst du gerade? Wie sieht der Boden aus, auf dem du stehst? Kannst du ihn spüren? Wer ist bei dir, oder bist du allein? Und wie geht es dir, wie fühlst du dich und wo im Körper ist dieses Gefühl am stärksten?

Und jetzt, wo du das alles weißt, lade ich dich wieder ein, einen Spaziergang zu machen. Lauf einfach los, wo es dich hinzieht, in deinem Tempo, so wie es dir gefällt. Und jetzt, wo du vielleicht umher springst und da und dort etwas entdeckst, taucht, wie durch ein Wunder in der Ferne eine Festtafel auf. Du vermutest, es findet eine Feier statt. Und wie du nun näher kommst, entdeckst du, es ist deine Feier, es ist deine Festtafel.
Sieh dich um, wie es hier aussieht. Wie sieht deine Festtafel aus? Steht sie im Haus oder im Freien? Und jetzt, wo du noch näher kommst, kannst du eine große Fahne, ein Transparent erkennen. Du entdeckst, dass auf dieser Fahne dein Wunsch, deine Idee steht und jetzt weißt du ganz genau, dass es dein Fest ist. Es steht ganz groß auf der Fahne geschrieben. Es ist dein Fest. Und jetzt, da du noch

näher kommst, kannst du ein Symbol erkennen, das eigens für Dich hier steht. Es ist dein Symbol für das, was du willst. Sieh es dir an. Was ist es? Und wie sieht es aus? Und wie fühlst du dich, wenn du es hier stehen siehst? Was ist das für ein Gefühl? Wo im Körper kannst du es spüren, kannst du es fühlen?

Vielleicht möchtest du es mit deinen Händen berühren. Es ist nur für dich hier. Und jetzt wo du dein Symbol in Händen trägst, kannst Du erkennen, dass um deine Festtafel Menschen sitzen, die gekommen sind nur dir zu Ehren.

Wer sitzt da?
Wie sieht dich der erste Mensch an, der da sitzt?
Sieh dir genau an, wer da sitzt. Sie wollen nur das Beste für dich. Es sind Menschen, die dich wirklich unterstützen, die dich lieben, nur das Beste für dich wollen, hinter dir stehen. Und wenn du möchtest, kannst du ihnen jetzt sagen, was du wirklich willst, worum sich dieses Fest überhaupt dreht.

Sieh, wie die Menschen darauf reagieren, was passiert, wenn du etwas wirklich willst. Was verändert sich?
Wie verändern sich ihre Gesichter?
Wer reicht Dir vielleicht die Hand?

Spüre was sich verändert und beobachte deine Festtafel.
Vielleicht ist noch jemand dazugekommen?
Und jetzt, da du an der Festtafel entlang gehst, entdeckst du auch andere Menschen. Menschen, von denen du nicht gedacht hättest, dass sie auf dein Fest kommen.
Sieh dir an, wer es ist.
Wie sehen sie dich an?
Und sage, ich tue jetzt das, was ich will und ich spüre die Kraft und Liebe in mir. Seid mir nicht böse, schaut freundlich, wenn ich mein Leben lebe!
Denn ich bin der Held in meiner Welt!

Entdecke, was sich auch bei diesen Menschen verändert, wenn du es so deutlich sagst. Vielleicht werden sie dich sogar jetzt unterstützten. Denk daran, dass jeder Liebe in sich trägt und vielleicht möchtest du noch sagen: ich gehe jetzt meinen Weg, schaut freundlich, wenn ich es tue. Und entdecke dabei wieder, was passiert.

Und jetzt, ganz langsam, wenn du all die Menschen, denen du etwas sagen wolltest, dich unterstützen, für dich da sind, verabschiedest du dich von allen.
Lasse sie feiern und spüre, wie es ist, diese Menschen im Rücken als Stärkung zu haben. Spring hinaus, wie ein Kind und spüre die Kraft im Rücken.

Du kannst dir jetzt die Zeit nehmen, anzusehen, wie du dem Mensch, der dich so unterstützt begegnest. Was wirst du ihm sagen?

Spüre die Kraft und die Energie, die dahinter steht und komme langsam und in deinem Tempo wieder zurück in das Hier und Jetzt.
Die Kraft bleibt dir.

Wenn du das gerade gelesene Kapitel mit einer persönlichen Erfahrung vertiefen möchtest, nutze das komplette Legespiel, wie zu Beginn des Buches in einzelnen Schritten beschrieben. Du erhältst damit einen neuen Blickwinkel auf dem Weg zur Lösung deines Problems.

Die Karte, die Repräsentant für dieses Kapitel ist, heißt:
DIE KRAFTQUELLE
Die Frage, die bei dieser gelegten Karte auftaucht ist:
„Was gibt mir Kraft?"
„Wer oder was steht hinter mir?"

Wichtig! Die Erfahrung mit dieser Karte kannst du nicht einzeln, sondern immer nur mit der ausgelegten Karte im Legesystem machen. Wir begannen am Buchanfang mit unserer Herkunft. Mit den Wurzeln, die uns Flügel verleihen. Und am Ende dieses Buches kannst du entdecken, dass sich der Kreis schließt.

Und so ist das Leben. Das was uns möglicherweise am Leben „hindert“, kann auch immer das sein was uns im Leben „beflügelt“. Es kommt auf deine Sichtweise an. Es kommt darauf wie du es siehst, wie du es fühlst.

Und es kommt darauf an, wie sehr du bereit bist, Altes in Frage zu stellen, um Neues zu finden. Nur wer Altes loslassen kann, wird Neues aufnehmen können. Wenn deine Hände voll sind, hast du keine Kraft und keinen Platz, Neues zu halten. Lass dich beflügeln und bestärken, dass es das Leben an sich ist, das es zu spielen gilt. Denn du bist der Held in deiner Welt. Lass dich verzaubern vom Spiel des Lebens und achte einfach auf die natürlichen Gesetze des Lebens.

Es wird dir alles gelingen. Alles, wirklich alles ist von Erfolg gekrönt, denn alles erfolgt auf deine Aktion. Du hast es in der Hand.

Möchtest du gleich einen Schritt weiter gehen? Das Spiel des Lebens aktiv angehen? Dann nimm dir ein Blatt Papier, einen Filzstift und einen Kugelschreiber. Lege deine Hand auf das Papier und ummale sie mit der anderen Hand. Deine Hand mit fünf Fingern ist nun auf dem Papier abgebildet.

Nimm jetzt den Kugelschreiber. Du hast nun die Gelegenheit, in jeden deiner fünf aufgemalten Finger eine Aktion oder Tätigkeit zu schreiben, die du in den kommenden 72 Stunden tatsächlich aktiv angehen kannst, um dein gestecktes Ziel zu erreichen! Denn alles, was du dir vornimmst und nicht in den folgenden 72 Stunden umsetzt, verliert an Energie.

Also dann mal los und mache dich an die Umsetzung, und zwar in den kommenden 72 Stunden! Viel Spaß und Erfolg, als der Held in deiner Welt!

Jeder Schritt „heilt“

Circa 90% meiner Kursteilnehmer gehen nach dem 4-Tage-Intensiv-Kurs nach Hause und verändern Ihr Leben, in der gewünschten Richtung, die Ihrem eingehenden und ursprünglichen Problem entsprach. Auch noch nach Jahren bekomme ich viele positive Rückmeldungen.

Was ist wohl mit den anderen 10 Prozent? Ich kann es kaum sagen. Aus Erfahrung weiß ich jedoch, dass viele Menschen nicht die Kraft der kleinen Schritte schätzen. So sind wir wieder beim Thema Dankbarkeit!
Wenn Menschen in meinen Kurs kommen, dann wollen sie häufig Dinge verändern, die sie aus „natürlichem“ Grund vielleicht schon 30, 35, 40, 45, 50 Jahre erfolgreich pflegen. Aufgrund dieser oder jener Ereignisse sind sie einfach so geworden, wie sie heute sind. Jetzt steht Änderung an! Dies ist sicherlich ein erster Schritt, aber die folgenden Schritte benötigen noch viel mehr Zeit!

Und diese Schritte sind wie Stufen einer Treppe. Ich kann nur eine Stufe nach der anderen gehen. Das Überspringen einzelner Stufen mag manchmal funktionieren, ganze Treppenabsätze zu überspringen, wird mir nicht gelingen.
Es ist die weise Taktik der kleinen Schritte, die uns Menschen hilft.

Denn Bildung und Beziehungen benötigen Zeit, so ein altes französisches Sprichwort!
Niemand erwartet, dass er nach einem 4-Tage-Sprach-Kurs fließend „Chinesisch“ spricht! Wie sollte das auch funktionieren? Bei der Selbsterfahrung ist es nicht anders! Es liegt an dir! Du bist der Held in deiner Welt! Ja, es ist natürlich ein Weg, der zu gehen ist. Mit allen Höhen und Tiefen. Es ist dein Weg und alleine das ist ein Geschenk. Freue dich auf die Momente des Glücks und der Traurigkeit. Freue dich auf deine Erfahrungen, die du jetzt neu erleben darfst!

Jeder Schritt ist eine Bewegung. Es ist allein deine Entscheidung, etwas für gut oder schlecht zu halten.
Fühle. Glaube. Handle. Einen besseren inneren Wegweiser gibt es aus meiner Sicht nicht! Lass dich berühren!
Dabei wünsche ich dir ganz viel Spaß und Erfolg!

„Technischer“ Hintergrund.

Für diejenigen unter uns, die sich aus rationaler Sicht eine Erklärung wünschen.
Und für alle anderen, die deshalb dankenswerterweise in den möglichen Genuss dieser Hintergründe kommen können. Wenn sie wollen.

Eine Grundidee dieses Buches in Zusammenhang mit dem Legespiel war folgende. Viele meiner Teilnehmer berichten, dass es ihnen schwer fällt, Selbsterfahrung aus Büchern zu lernen. Obwohl sie bereits viele, viele Bücher gelesen und „geübt“ haben, fällt es ihnen schwer, neue Blickwinkel einzunehmen. Wie sagt der Volksmund – Papier ist eben geduldig.

Nun, zum einen wollte ich nicht ein weiteres Buch schreiben, das in den Regalen der Käufer verstaubt oder sich womöglich in die unzähligen Ratgeber einreiht. Nein ich wollte den so erfolgreichen ICHselbstAG® Kurs populärer, also nicht nur in Scriptform, zu Papier bringen. Und gleichzeitig möchte ich mir sicher sein, dass die Leser auch einen handfesten Nutzen aus dem Buch ziehen können.

So entstand die Idee eines Spielebuches. Ein Buch, das die einfachen Naturgesetze und deren „Folgen“ für uns beschreibt, das kleine Übungen aus dem Kurs vorschlägt und gleichzeitig Wirkung zeigt! Dies gelingt mittels Bodenlegekarten und Fragekarten. Der Anwender taucht tief in seine eigene Welt ein und macht umgehend neue Erfahrungen, erfährt Neues über sich, sieht andere Blickwinkel!
Die therapeutische Wirksamkeit dieser Arbeitsweise mit Legekarten beruht auf dem Wechselspiel von Vorstellung, Darstellung, Wahrnehmung, Befinden und eben dem eigenen Handeln. Viele Kursteilnehmer (hier werden unter anderem ähnliche Übungen angewandt) sind immer wieder erstaunt, welche Körperempfindungen auftreten, wenn sie sich ihren inneren Bildern hingeben!

Da eigene, innere Bilder immer mehr empfinden lassen und ausdrücken, als Worte vermitteln könnten, findet auf diese Weise ein „Dialog mit dem Unbewussten“ (Robert Dilts) statt.

Dieser wünschenswerte Zugang zu meinem Unterbewussten gibt mir die Chance, etwas zu verändern. So wie ich es wirklich will! Da ist also nichts Mystisches dabei. Denn wir nehmen permanent Kontakt mit unserem Unterbewussten (Nach Carl Gustav Jung das Un-bewusste) auf – nur eben un-bewusst!

Die entscheidende Lösungshilfe in diesem Spielebuch liegt also in der erweiterten Transparenz meiner Person, die nur ich kenne, erfühle und erforsche.

Die Idee dabei ist es, Lösungs- und Ressourcen orientiert vorzugehen. Das heißt, wir kümmern uns nicht um Defizite und Schwächen oder Träume aus der Vergangenheit, sondern um Lösungen und Kraftquellen für den Blick nach vorne. Denn Menschen, die klar nach vorne blicken sind motivierter und glücklicher für die Zukunft aufgestellt, als Menschen, die permanent in Vergangenem suchen und die Ursachen herausfinden möchte. Schön ist es, wenn ich Ursachen kenne, für meine zukünftigen Lösungen ist es jedoch nicht zwingend relevant.

Denn vor allem in der Arbeit mit dem eigenen Lebensweg, mit dem eigenen Lebensdrehbuch ist es wichtig, zuerst ausführlich mit sich selbst in Kontakt zu kommen. Dann können Kraftquellen und inspirierende Zukunftsziele „aufgeladen“ werden. Dann erfolgt Ent-Wicklung meines Lebens – wie eine Zwiebel, die sich aufschält.
So werden Ziele erst relevant und bringen uns zu dem Tag, wo wir für diese oder jenes Problem keine Beratung mehr benötigen, weil wir uns selbst helfen können!

Die Arbeitsweise, die mich zu dieser Art der Übungen mit Bodenkarten inspiriert hat, ist die Arbeitsweise der Systemischen Therapie. Ich durfte eine gute, langjährige Ausbildung bei Dr. Ilse Kutschera (Schülerin von Bert Hellinger) und Helmut Eichenmüller absolvieren, denen ich an dieser Stelle danken möchte.

Verbunden mit allen weiteren Erfahrungen und Ausbildungen, die ich genießen durfte, habe ich mich zu dieser – aus meiner Sicht – außergewöhnlichen Arbeitstechnik entschlossen.

Die ursprüngliche Basis ist die Arbeitsweise der „Systemischen (Familien)Aufstellung“ nach Bert Hellinger. Er hat den Begriff des jungschen Unbewussten noch erweitert. Statt der unbewussten Seelentiefe in uns, findet man es auch in einem archetypisch angelegten (Familien-)Wissen, das einer gewissen Grundordnung gehorcht. Bert Hellinger nennt es die „Große Seele“. Diese „Große Seele“ lässt auch die tiefen Zusammenhänge aus unserer Herkunft sehen.

All das passiert technisch gesehen in einem Energiefeld, in dem wir uns alle bewegen. Dem so genannten morphogenetischen Feld (Rupert Sheldrake). Mit der Methode des systemischen Arbeitens "zapfen“ wir dieses Energiefeld an, weil wir uns in der Arbeit „einlocken“. Wie ein Radio, das einen Sender anpeilt, den wir Menschen wählen, machen wir uns „Signale“, die in uns liegen bewusst. Sie sind da, wir verdeutlichen sie nur. So ist es kein „Wunderwerk“, sondern die Kraft, die in jedem von uns liegt.
Wir machen Sie uns damit zu Nutze.

Ich möchte an dieser Stelle auf viele Lesetipps und Literaturhinweise aufmerksam machen, die du im Anhang findest. Hier ist sicher für jeden etwas dabei, der weiterhin an sich arbeiten möchte.
All das fördert in jedem Fall die eigene Verantwortung für das Leben.
Denn nur du bist der Held in deiner Welt!

Literatur die mich begleitet

Nichts tun, Steven Harrison	ISBN: 3 9521966 0-6
Was ich wirklich will, Hildegard Ressel	ISBN: 3-502-14598-9
Das Lola-Prinzip, René Egli	ISBN: 3-9520606-0-7
Illusion oder Realität? Francoise, René Egli	ISBN: 3-905586-06-1
Schicksal als Chance, Thorwald Dethleffsen	ISBN: 3-442-11723-2
Leben im Jetzt, Eckhart Tolle	ISBN: 3-442-33680-5
Die Regeln des Glücks, Dalai Lama	ISBN: 3-404-70170-4
Auf dem Jakobsweg, Paulo Coelho	ISBN: 3-257-23115-6
Ohne mich ist das Leben ganz einfach, Ayya Khema	ISBN: 3-591-08360-7
Wu wei, Theo Fischer	ISBN: 3-499-19174-1
Die Möwe Jonathan, Richard Bach	ISBN:9-783548-208978
Siddartha, Hermann Hesse	ISBN:3-518-01227-4
Meine vielen Gesichter Wer bin ich wirklich?, Virginia Satir	ISBN: 3-466-34217-1
Nah und doch so fern, Steven Carter und Julia Sokol	ISBN: 3-596-13830-2
Brücke über die Zeit, Richard Bach	ISBN: 3-548-22278-1
Die Kunst des Liebens, Erich Fromm	ISBN: 3-548-75065-6

Und Literatur, die häufiger in diesem Buch Erwähnung fand

Wörterbuch der philosophischen Begriffe Rudolf Eisler (1904)
Vom Wesen physikalischer Gesetze
Richard P. Feynman ISBN 3-492-03321-0
Katathym-imaginative Psychotherapie
Hanscarl Leuner ISBN 3-13-464405-3

Der Wald oder die magische Reise
Zoe Nelson
Scherz Verlag
Im Bilde sein,
Eva Madelung/Barbara Innecken ISBN 3-89670-419-2
Ordnung der Liebe, Bert Hellinger ISBN 3-89670-000-6
Was die Seele krank macht und was sie heilt ISBN 3-426-76167-x
Die geistigen Gesetze, Kurt Tepperwein ISBN3-442 12160-4
Was ist nur los mit mir? Dr. Ilse Kutschera ISBN 3-466-30595-0
Aussöhnung mit dem Inneren Kind
Erika J. Chopich & Margarete Paul ISBN 3-7626-0455-x
Flow. Das Geheimnis des Glücks
Mihaly Csikszentmihalyi ISBN 3-608-95783-9
Krankheit als Symbol, Dr. Ruediger Dahlke ISBN 3-570-12265-4
KörperWissen, Marion Grillparzer ISBN 3-8338-0221-9

Der Kurs

Der erfolgreiche 4-Tage-ICHselbstAG®-Kurs.

Bisherige Teilnehmer berichten:
„Der ICHselbstAG Kurs ist völlig anders, als alle bisherigen Arbeiten und eine außergewöhnliche Steigerung zu bisherigen Seminaren!“

Der Schlüssel zum Geheimnis heißt Energie!
Ängste, Hemmungen, Spannungen, Vorurteile, Gewohnheiten fressen deine Lebens-Energie auf!
Es gibt nur einen Weg zu mehr Lebens-Glück:

Deinen eigenen Weg – nicht gegen die Energie – sondern mit der Energie!

Die Bestandteile des Kurses sind bewährt.
Die Inhalte sind eine sinnvolle Verbindung von klarer, westlicher Psychologie, östlichen Praktiken und moderner, fundamentierter Bewusstseinsforschung.
Sie sind in Ihrer Kombination einmalig!

Der Kurs hat eine präzise, bewährte Struktur, die diesen tief greifenden Erfahrungsprozess überhaupt erst ermöglicht!

Denn der ICHselbstAG Kurs ist ganzheitlich und höchst individuell, personenbezogen – auf dich selbst!

Das kommt dir überall zugute: bei der Arbeit, zu Hause, im Beruf, in der Partnerschaft, in der Freizeit und natürlich bei der Arbeit an dir selbst!

Dein Leben wird reicher und bunter!
Und... du wirst auch mit anderen Menschen plötzlich besser zurechtkommen!

Du kannst mit dem Kurs alles Mögliche tun: den Sinn des Lebens entdecken, wieder Lust auf den Beruf bekommen, Liebeskummer bewältigen, Erziehungsprobleme lösen, Beziehungskonflikte schlichten, das Wichtige vom Unwichtigen unterscheiden, dein Leben in neuem Licht sehen, kurz: deinen ganz individuellen Weg zum persönlichen Glück entdecken!
Wie viele vor dir (viele original Teilnehmerstimmen im Internet www.ICHselbstAG.de)

Nach dem Kurs.
Bist du immer noch derselbe Mensch und dennoch anders, weil vollständiger!

Du wirst:
wohler-stehen = also Wohlstand aller Orts genießen!
etwas folgen lassen = Erfolg haben!
dir selbst etwas Wert sein = Selbstwert!
Neue Kraft und Freude erlangen = Lebens-Glück!
dich selbst führen = ICHselbstAG

Wer nimmt teil?
Menschen zwischen 16 und 76 Jahren.
Mütter und Manager, Jugendliche und Erwachsene.
Menschen ohne Arbeit, Menschen mit zuviel Arbeit!
Selbsterfahrene und Unerfahrene.
Mit einem Wort: Menschen. Wie du und ich!
Sei herzlich willkommen!

Mehr und aktuelle Kurs-Termine unter www.ICHselbstAG.de

Hintergründe und Anmerkungen zu den angesprochenen natürlichen Gesetzmäßigkeiten und Prinzipien

Ein **physikalisches Gesetz** beschreibt (meist in mathematischer Form) Zustände und deren Änderungen eines physikalischen Systems mittels messbarer, eindeutig definierter physikalischer Größen (Parameter, Variabler).

Ein Zustand eines physikalischen Systems ist eine eindeutig quantifizierbare Situation.
Ein berechenbares physikalisches System ist ein wohl definiertes Modell eines Teils der Natur. Das verwendete Modell ist auch durch die Grenzen charakterisiert, in denen das physikalische Gesetz gilt. Viele scheinbare Widersprüche entstehen aus der Anwendung eines Gesetzes außerhalb seines Gültigkeitsbereiches. (Die Alltagserfahrung von Raum und Zeit beispielsweise gilt weder im atomaren – noch im Bereich des Weltalls.)

Ob man mit physikalischen Gesetzen alle Beobachtungen in der Natur beschreiben kann, hängt davon ab, wie gut das entsprechende Modell die sog. Wirklichkeit abbildet. Nur das Modell kann exakt berechnet werden – die gesamte Natur selbst nicht. Mit anderen Worten: Der Geltungsbereich eines physikalischen Gesetzes ist umso größer, je höher die Invarianzeigenschaften der darin enthaltenen physikalischen Größen sind.

Ein physikalisches Gesetz muss mit reproduzierbaren Experimenten vereinbar sein. Im allgemeinen Sprachgebrauch gilt es dann auch als bestätigt. Ein physikalisches Gesetz ist immer Teil einer Theorie, die einheitlich und widerspruchsfrei sein muss und durch die Praxis bestätigt werden muss. Eine Theorie, deren Vorhersagen noch nicht bestätigt werden konnten, lässt sich genauer mit dem Begriff Hypothese charakterisieren.

Die wissenschaftlich akzeptierten physikalischen Gesetze bestimmen unser modernes materielles Weltbild im Gegensatz zu einem Weltbild, in dem sich die Natur nicht entsprechend beobachtbarer Gesetzmäßigkeiten verhält, sondern entsprechend anderer (nicht beobachtbarer) Prinzipien, wie z.B. entsprechend dem Willen höherer Wesen.

Quelle: www.wikipedia.de

Literatur dazu: Richard P. Feynman: Vom Wesen physikalischer Gesetze.

Piper, München 1990 ISBN 3-492-03321-0

Wir sprechen in unseren Kursen, und ich ebenfalls in diesem Buch, von Analogien, bzw. in Analogien denken. Deshalb auch hier eine Erläuterung.

Das Prinzip der Analogien der Erfahrung. Jeder Gegenstand muss als extensive oder intensive Größe konstruiert werden können. Aber damit ist bloß der mathematische Begriff desselben erschöpft. Die Gegenstände der Physik setzen nicht nur Größen, sondern auch Kräfte **und** Gesetze (z.B. der Bewegung), mithin *Verhältnisbestimmungen* voraus: nicht mathematische Proportionen, die sich auf quantitative, sondern philosophische »Analogien«, die sich auf qualitative Verhältnisse beziehen. Als solche können sie nicht, wie die mathematischen Gebilde, einfach konstruiert, sondern nur durch ihre Verknüpfung in der Zeit bestimmt werden; sie beanspruchen deshalb auch nicht, wie jene, konstitutive, sondern nur regulative Geltung. Analogien der Erfahrung aber heißen sie, weil sie nur in Beziehung auf die Erfahrung Gültigkeit **und** Bedeutung besitzen, nichts anderes als *Einheit* der *Erfahrung* zum Ziele haben. Ihr »Prinzip« lautet daher: Erfahrung ist nur durch die Vorstellung einer *notwendigen Verknüpfung* der Wahrnehmungen möglich. Also *Verknüpfung*, nicht Erzeugung (wie bei den mathematischen Gr**und**sätzen), **und** zwar der Wahrnehmungen, nicht der »Dinge«, **und** dies »nicht in Ansehung ihres Inhalts, sondern der Zeitbestimmung **und** des Verhältnisses des Daseins in ihr nach allgemeinen Gesetzen«.
Als beste Erläuterungsschrift der in der Philos. Bibl. 48 von O. Buek mit Einleitung **und** Sachregister herausgegebenen *Metaphysischen Anfangsgr***und***e*, die sowohl auf Schelling-Hegels wie Fries-Apelts Naturphilosophie bedeutend eingewirkt haben, empfiehlt sich Stadler, Kants Theorie der Materie, Berlin 1883.
Quelle: www.textlog.de

Das Gesetz von Ursache und Wirkung.
Rudolf Eisler fast in seinem Nachschlagewerk zusammen:

Nach SAL. MAIMON ist **Ursache** »ein Etwas **von** der Art, dass, wenn es **gesetz**t wird, etwas anderes **gesetz**t werden muss« Nach BOUTERWEK ist **Ursache** »dasjenige in der Wirklichkeit, ohne dessen Voraussetzung etwas anderes in bestimmten Verhältnissen nicht als wirklich gedacht werden kann« Nach J. G. FICHTE ist **Ursache** ein Tätiges. »Dasjenige, welchem Tätigkeit zugeschrieben wird und insofern *nicht Leiden*, heißt die ***Ursache*** (Ur-Realität, positive schlechthin **gesetz**te Realität...). Dasjenige, dem *Leiden* zugeschrieben wird und insofern *nicht Tätigkeit*, heißt das *Bewirkte* (der Effect, mithin eine **von** einer andern abhängende und keine Ur-Realität). Beides in Verbindung gebracht heißt eine **Wirkung**. SCHELLING bemerkt: »Nach dem **Gesetz** der **Ursache** und **Wirkung** zu urteilen, ist uns... durch eine nicht bloß **von** unserem Wollen, sondern selbst **von** unseren, Denken unabhängige und diesem vorausgehende Notwendigkeit auferlegt« (WW. I 10, 78). HEGEL bestimmt: »Die Substanz ist ***Ursache***, insofern sie gegen ihr Übergehen in die Akzidentalität in sich reflektiert und so die *ursprüngliche Sache* ist, aber ebenso sehr die Reflexion in sich oder ihre bloße Möglichkeit aufhebt, sich als das Negative ihrer selbst setzt und so eine **Wirkung** hervorbringt, eine Wirklichkeit, die so nur eine ***gesetz****te*, aber durch den Prozess des Wirkens zugleich notwendige ist.« »Die **Ursache** hat als die ursprüngliche Sache die Bestimmung **von** absoluter Selbständigkeit und einem sich gegen die **Wirkung** erhaltenden Bestehen, aber sie ist in der Notwendigkeit, deren Identität jene Ursprünglichkeit selbst ausmacht, nur in die **Wirkung** übergegangen. Es ist kein Inhalt, insofern wieder **von** einem, bestimmten Inhalte die Rede sein kann, in der **Wirkung**, die nicht in der **Ursache** ist. Jene Identität ist der absolute Inhalt selbst.

Ebenso ist sie aber auch die Formbestimmung, die Ursprünglichkeit der **Ursache** wird in der **Wirkung** aufgehoben, in der sie sich zu einem ***Gesetz****tsein* macht. Die **Ursache** ist aber damit nicht verschwunden, so dass das Wirkliche nur die **Wirkung** wäre. Denn dies

***Gesetz*tsein ist ebenso unmittelbar aufgehoben, es ist vielmehr die Reflexion der **Ursache** in sich selbst, ihre Ursprünglichkeit. In der **Wirkung** ist erst die **Ursache** wirklich und **Ursache**. Die **Ursache** ist daher an und für sich causa sui« (Encykl. § 153. vgl. K. ROSENKRANZ, Syst. d. Wissensch. S. 82 ff.). Quelle: www.textlog.de

Das Gesetz der Resonanz.
Ein Auszug aus dem Buch: Ulla Sebastian:
Prinzip Lebensfreude. Walter Verlag. März 2000

Körper, Geist und Seele als Schwingungsfeld

Im Kapitel über den Zyklus der Manifestation habe ich ausgeführt, dass sich unsere Gedanken, Gefühle und physischen Prozesse auf das Wirken und Zusammenspiel von fünf Elementen zurückführen lassen. Diese fünf Elemente Äther, Luft, Feuer, Wasser und Erde sind Namen für bestimmte Energie- und Bewusstseinsqualitäten, die von einem darunter liegenden pulsierenden Energiefeld gespeist werden. Diese Grundpulsation mit ihrer Ausdehnung und Kontraktion liegt allem Leben zugrunde. Unsere körperlichen Prozesse, Organe und Systeme schwingen ebenso darin mit wie unsere Gedanken, Gefühle und Verhaltensweisen.

Diese Schwingung lässt sich messen. Physiker wählen als Maßeinheit Zyklen per Sekunde. Jedes Organ im Körper hat beispielsweise eine andere Frequenz, bei der es optimal funktioniert. Dieses Wissen nutzen Sie, wenn Sie den Körper über heilende Laute ausbalancieren und harmonisieren.

Auch unsere Sinne nehmen die Umwelt in Frequenzen wahr: als Licht-, Ton-, Geschmacks-, Geruchs- oder Tastfrequenzen. Wir sehen, hören, riechen, schmecken und berühren allerdings nur innerhalb einer bestimmten Bandbreite. So nimmt unser Ohr beispielsweise nur Wellen zwischen 16 - 20.000 Zyklen pro Sekunde auf. Der Schrei der Fledermaus entgeht uns. Wir sehen ein Skelett nur auf einer Röntgenaufnahme, und wir sind nicht in der Lage, radioaktive Strahlen durch unsere Sinne aufzunehmen. Manche Gifte entziehen sich unserem Geruchssinn, und Raucher wissen, wie sehr ihr Geschmackssinn eingeschränkt ist. Trotzdem sind alle Frequenzen in unserem Leben wirksam, auch wenn wir sie mit unseren Sinnen nicht erfassen können.

Wenn Sie im Fluss des Lebens sind, heißt dies in der Sprache der Frequenzen, dass Ihr Körper-Geist-System in optimaler Weise schwingt. .... Sie fühlen sich mit der Erde, den Menschen und dem Universum verbunden und erleben das als Liebe, Freude und Erfüllung.

Häufig ist diese Grundpulsation jedoch aufgrund von Lebensumständen unterbrochen, eingedämmt oder blockiert. Sie halten den Atem an, panzern die Muskeln oder stellen sich gar tot. Ihr Körper reagiert mit Verspannungen und letztlich Krankheit auf dieses Ungleichgewicht. Ihre Seele erlebt es als Schmerz, Depression, Konflikte, Arbeitsschwierigkeiten, unglückliche Beziehungen oder ganz allgemein als die Unfähigkeit, Glück und Freude zu empfinden.

Wenn sich all diese Symptome auf Frequenzen zurückführen lassen, bedeutet das, dass wir die Schwingungsstärke verändern und sie damit auflösen können. Das ist so einfach wie das Einstellen von Sendern im Radio oder Fernsehen. Auch da verändern Sie lediglich die Frequenz, um eine andere Sendestation zu finden.

Das Gesetz der Polarität.
Rudolf Eisler fasst zusammen:

Polarität ist das Auseinandertreten einer Einheit, die Kraft in zwei Pole, entgegengesetzte Richtungen der Tätigkeit. Die Lehre von den Gegensätzen im Weltgeschehen findet sich schon bei HERAKLIT u. a. - Die durchgängige Polarität des an sich indifferenten Absoluten in Natur und Geist lehrt SCHELLING. ESCHENMAYER erklärt: »Es gefiel Gott wohl, ein Geisterreich zu ordnen und demselben ein Naturreich gegenüberzustellen, beide aber durch ein Drittes zu vermitteln« Nach HEGEL ist der Gedanke der Polarität »die Bestimmung des Verhältnisses der Notwendigkeit zwischen zwei verschiedenen, die eines sind, insofern mit dem Setzen des einen auch das andere gesetzt ist. Diese Polarität schränkt sich nur auf den Gegensatz ein. Durch den Gegensatz ist aber auch die Rückkehr aus dem Gegensatz als Einheit gesetzt, und das ist das Dritte« EMERSON bemerkt: »Polarität oder Wirkung und Rückwirkung treffen wir in jedem Teile der Natur an, in Finsternis und Licht, in heiß und kalt, in Ebbe und Flut, im männlichen und weiblichen Geschlechte...« »Wie die Welt, so zeigt auch ein jeder ihrer Teile diese Zweiheit.« »Ein unvermeidlicher Dualismus durchschneidet die Natur, so dass ein jegliches Ding nur eine Hälfte darstellt und ein anderes Ding zu seiner Ergänzung voraussetzt« (Essays, Ausgleichungen S. 13 f.). R. HAMERLING erklärt: »Polarität ist das Auseinandergehen einer und derselben Wesenheit in zwei entgegengesetzte, aber unzertrennliche Qualitäten, Kräfte, Richtungen, die man Pole nennt« (Atomist. d. Will. I, 208). »Nach dem Gesetze des Ausgleichs, der Compensation, suchen und ziehen die entgegengesetzten Pole einander an, aber um sich auszugleichen, um sich selbst zu vernichten«
Quelle: www.textlog.de

Friedrich Kirchner über das Prinzip der Dankbarkeit.

Dankbarkeit (Dank, eigtl. das Denken) heißt die Gesinnung eines Menschen, welcher empfangene Wohltaten anerkennt, sich ihrer erinnert und sie nach Kräften erwidert. Die **Dankbarkeit** ist verhältnismäßig selten zu finden; daher das Sprichwort: »Undank ist der Welt Lohn«. Vergesslichkeit, Leichtsinn, Gewohnheit, Selbstsucht, - aber auch die Umstände verhindern oft die **Dankbarkeit** da, wo sie nicht gerade fehlt, sich zu äußern. So wenig die Wohltat erzwingbar ist, so wenig ist es der Dank dafür. Beides verliert durch Zwang allen Wert. Wenn daher, obwohl die Wohltätigkeit an sich eine hohe Tugend ist, derjenige »seinen Lohn dahin hat«, der etwas Gutes tut, um Dank zu ernten, so ist andrerseits Un**dankbarkeit** ein Zeichen von Hohlheit oder Rohheit des Gemütes, und **Dankbarkeit** eine schöne, aber schwere Tugend. Die Wohltaten, die wir anderen erweisen, vergessen wir langsam, die uns erwiesenen schnell. Unedlen, selbstsüchtigen Menschen sind empfangene Wohltaten drückend, weil sie sich nicht zum Dank verpflichtet fühlen möchten; freigebige, großmütige dagegen, die anderen oft Wohltaten erweisen, vergessen auch ihrerseits leicht des Dankes. Wer sich viel über Undank der Menschen beschwert, macht sich dadurch verdächtig, dass er nicht aus Menschlichkeit, sondern aus Eigennutz Wohltaten erwiesen hat.
Quelle: www.textlog.de